U0061876

世界級樞紐

香港的對外交通

王緝憲　著

商務印書館

世界級樞紐——香港的對外交通

作　　者：王緝憲

責任編輯：張宇程

封面設計：張　毅

出　　版：商務印書館（香港）有限公司

　　　　　香港筲箕灣耀興道 3 號東滙廣場 8 樓

　　　　　http://www.commercialpress.com.hk

發　　行：香港聯合書刊物流有限公司

　　　　　香港新界大埔汀麗路 36 號中華商務印刷大廈 3 字樓

印　　刷：盈豐國際印刷有限公司

　　　　　香港柴灣康民街 2 號康民工業中心 14 樓

版　　次：2019 年 7 月第 1 版第 1 次印刷

　　　　　© 2019 商務印書館（香港）有限公司

　　　　　ISBN 978 962 07 6625 1

　　　　　Printed in Hong Kong

目 錄

序

交流是城市生長之本

　　很少城市人會提出「到底甚麼是城市？」這樣的問題，因為對生活在城市的人而言，這不是個問題。但是，如果需要考慮一個城市能否繼續好好地成長，讓住在那裏的人好好地生活，那可能就要問，城市成長的基本條件有哪些？對此，城市經濟學者 Brendan O'Flaherty 認為，城市能繼續好好地生存的基本條件很簡單，就是好處壓倒壞處。他特別指出，「規模回報遞增」和「規模經濟」是城市的兩個主要好處。這兩者都與經商相關 (O'Flaherty，第 12 頁)。

　　對於一個城市能否存活，歷史學家可能考慮更多方面，例如 Gordon Childe (1950) 就提出研究古代城市需要考量的十個方面，包括：

(1) 一定的規模和人口密度；

(2) 形成專門化的分工；

(3) 稅賦；

(4) 標誌性公共建築；

(5) 供養非農業人口；

(6)　檔案系統和應用科學知識系統；

(7)　書寫系統；

(8)　象徵性的藝術；

(9)　貿易和原材料進口；

(10) 是否存在專業工匠。

　　研究當代交通地理的我則以為，現代城市一定並非一個可以自給自足的地方。它的存在有賴於其他地方對它的需求，和它提供這些需求以換取自己需求的能力。因此，一個城市與外部的交流，就是其賴以生存的最基本條件。當然，這個城市的人能否生活得好，還有其內部各種體制、結構、系統的要求，並且最終要做到所謂好處壓倒壞處，在與外部的交流和交換中受益大於受害，而這些要素合起來構成了城市成長的充分條件。

　　過去一百五十多年來，香港從漁港成長為「全球城市」(global city)，得到了很多認同和稱讚 (比如 Saskia Sassen [2001])。雖然香港的歷史、地理和政治都有很多獨特的地方，作為一個自轄城市也走過了一條與很多城市不同的路，但它在一方面與大多數成功港口城市相同，就是靠商業和貿易起步，之後再經過工業化，成功轉型為世界主要金融中心、重要區域貿易中心和交通樞紐，以及著名購物天堂。雖然香港有這麼多不同「頭銜」，但如果仔細想想，這些頭銜沒有一個不是依賴「交流」。

　　交流 (exchange) 大致包含了物品、人員、金融、信息四類流通。貿易就是商業化的交流。商業貿易離不開這四種流通的任何一種，因此，長期營商的過程實質上就是逐步培育服務四種流通的系統，這些系統包括基礎設施 (硬件)、營商環境 (軟件) 和執行者 (企業與人員) 三部分。把香港認定為一個有效率的區域樞紐，既是指她在這三方面

以及它們的配合上都做得比較出色，維持和提高了其他城市、地區或國家對它的需求。即使從 1980 年代後期開始，香港自身為出口生產的工業產品越來越少，但經濟仍然可以保持一定成長，就是這個原因。

1997 年香港回歸祖國，出於政治上的考慮，中央政府一直採取一些有利香港與內地融合發展的政策，而香港製造業北移和深圳特區借勢高速發展，使得香港原來的角色逐步改變。雖然中國大陸改革開放初期的 20 年，香港的投資和企業主要集中在珠江三角洲東部，大大推動了香港為區域服務的交通運輸系統，但隨後，一方面越來越多香港投資和企業走到全國各地，其大規模的離岸貿易貨物實體不再需要「流」過香港；另一方面，內地特別是珠三角的港口和機場發展也逐步部分取代香港，使得香港過去一家獨大的轉口貿易口岸地位逐漸消失。同時，由於珠三角本身已成為全球供應鏈和產業鏈一個非常重要的部分，香港與珠三角內各個城市的關係，也因為各自在全球供應鏈中不同又部分重疊的角色，而變得極為複雜和多元。

那麼，1997 年以來的這 20 多年，香港對外交通系統究竟如何隨之演變？採取或沒有採取哪些特定措施應對上述挑戰？這些措施起到了或者會起到期望的作用嗎？還有哪些應該採取的措施？為甚麼這些措施沒有被考慮或者沒有實現？考慮到香港基本上已經沒有多少加工工業，如果再喪失區域貿易和交流中心的地位，對香港會造成嚴重打擊。因此，分析這 20 多年香港對外交通系統的變化，及其改變對香港整體的支撐作用和存在的問題，有助回答上述一系列重要課題。而這就是本書的首要目的。

本書還有第二個目的，就是從香港這個個案出發，對世界級區域交通樞紐與其所在城市的互動關係作一個理論探討。這是作為一部個案分析的學術著作必然的延伸。這種個案及理論探討很難以學術論文的形式出現，卻最適合用著作形式表達。

本書各章節就是按照這個先個案、後理論的秩序安排。首先，第一章對香港從開埠以來到 1997 年回歸這百多年對外交通系統的演變，作一個簡要綜述，為不太了解香港情況的讀者作個鋪墊。第二、三、四章分別討論水運、空運和陸運三個不同運輸方式在最近 20 多年的發展過程。其中，海運方面集中分析貨櫃港口的發展；空運的重點放在機場擴張的瓶頸及其原因；陸運則探討高鐵發展和港珠澳大橋等其他主要跨境基礎設施建設的意義與問題。第五章探討多式聯運以及區域物流中心的問題，這是一個成熟區域樞紐城市面臨的核心問題。

　　第六章是理論探討。迄今為止，世界上既有的關於城市對外交通的理論研究，一直停留在極其初步的階段。本章會利用前面三個章節的討論，深入探討香港這個個案，從而認識城市對外交通系統的演變如何影響城市發展，以圖建立一個較為完整、可用於其他城市的理論分析框架。

　　第七章為結語，焦點放在未來。當前很多香港未來對外交通系統的挑戰都已經顯露徵兆。由互聯網推動的一些新交流模式，將會對香港「國際中間人」的角色帶來甚麼衝擊？與中國內地進一步融合帶來的巨大人員流動將如何引導？香港又如何依靠高端多元化和一體化的全球連接，來維持甚至提高自己的傳統優勢？當像香港這樣的城市周邊形成了一個被稱之為「粵港澳大灣區」的城市羣或都市圈，它與羣內或者圈內其他城市在交通衝接方面，需要考慮甚麼特殊問題？在結語部分討論這些問題，目的是引導讀者與作者一起探索新的問題。

　　為了方便讀者，本書每一章節的開始都有「本章摘要」，讀者可以選擇細讀每章或者選讀個別章節內容。與每一章節相關的參考文獻目錄，也會和註釋一起放在每章結尾，方便查閱。

參考文獻

Childe, V. Gordon (1950). "The Urban Revolution", *The Town Planning Review*, vol. 21, no. 1, pp. 3–17. Retrieved from http://www.jstor.org/stable/40102108.

O᾽Flaherty, Brendan (2005). *City Economics*, Harvard University Press, 1st Edition.

Saskia Sassen (2001). *The Global City: New York, London, Tokyo*, Princeton University Press, 1st Edition.

第一章

歷史綜述

本章摘要

　　近 20 多年香港轉向了幾乎沒有製造業的一種經濟結構。雖然不少人認為，這是自由經濟體系的必然，卻仍然引來各方面的批評，認為這是造成今天香港就業出現問題、經濟無法可持續發展的根本原因。但是，如果我們回顧百多年前，香港作為一個獨立經濟體和殖民地於華南地區出現，就會了解她以商貿為本的自身發展軌跡。本章會用最簡短的方式，回顧香港的對外交通基礎設施，例如港口、機場、公路與鐵路，如何與其貿易功能相輔相成地演變進化。通過回顧，讀者可以了解到，在全球化的今天，以轉口貿易起家的香港於走向全球供應鏈樞紐，和中國「一帶一路」對外門户角色的必然性。

一、香港是真正「以港興市」的地方

1. 港口的地理演變

中國內地有很多擁有港口的城市，常常掛在這些城市政府領導嘴邊的一句話，就是「以港興市，以市促港」，以為港口好，城市就好，港口越大，城市就會越大；反向關係也成立：城市越大，港口必然受益。其實，世界上城市與港口的關係並非如此簡單。有些港口城市的「城」很小，港口很大，比如法國第二大港勒阿弗爾（La Havre）。也有些城市越來越強大，而港口發展到一定程度就已遷移，比如美國的紐約。還有些城市雖然有港口在「身邊」，但其自身從起家到成為重要中心城市的過程中並未依託港口，比如中國的南京。

然而，香港這個把港口寫進自己名字的城市，卻是名副其實以港口起家，在過去 150 年來也離不開港口的城市。何謂以港口起家？香港的故事其實與大多數人所知的不太一樣。

今天的香港並不只包括香港島，而是香港島加上九龍再加上新界。由於香港島乃根據 1842 年簽訂的《南京條約》割讓給英國，九龍半島是 1860 年根據《北京條約》割讓，而新界到了 1898 年租借給英國 99 年，所以在英國的歷史研究和香港作為殖民地時期的歷史教育之中，「香港」的歷史就是按照這個地理範圍而寫就。人們常說「香港從一個小漁村轉變成今天的大都市」，這個論述當中的「小漁村」，應該是指當 1841 年英軍佔領香港島時候的香港，即今天的香港島地區。的確，1841 年以前，香港島幾乎沒甚麼人煙。而 1860 年以前不屬於當年「香港」範圍的九龍半島，和 1898 年以前不屬於「香港」範圍的新界，其實有着遠比香港島更悠久的人文歷史。其中，與這本書關係最密切的是新界西部的屯門。屯門的考古發現證明，這個地區在 3,500 年前已經有來自深圳和珠海的人聚居（古物古蹟辦事處，2018）。而近千年來，屯

門的海上交通功能尤為重要。宋代學者周去非在淳熙五年（公元 1178
年）完成的地理著作《嶺外代答》卷三中，有一則「通道外夷」，當中提
到外國船隻到廣州，屯門為必經通道（「其欲至廣者，入自屯門」）（周
去非〔宋〕）。也就是說，今天香港新界西端龍鼓灘外的航道，早在 800
多年前已經在使用了。

圖 1.1　四庫全書《嶺外代答》中，有「其欲至廣者，入自屯門」字句。

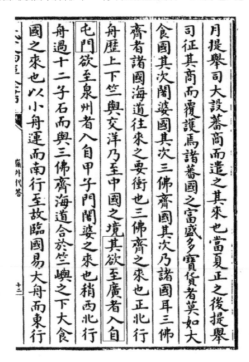

　　而對香港歷史學有重要貢獻的本地學者羅香林教授（羅香林，
1959）以及後來多位學者（劉智鵬、劉蜀永，2012；周子峰，2012）都
考證，屯門不僅是進入廣東的交通要道，而且是重要的軍事海防重地。
公元 1514 年至 1521 年（明代），葡萄牙軍隊佔領屯門，明朝軍隊從海

上進攻，在歷時 40 天的「屯門澳海戰」中將葡萄牙入侵者打敗，之後逐漸在此處建立軍事要塞。「屯門汛」是清代管理和防衛屯門和葵涌一帶沿海活動的官方機構。而據劉智鵬考證，「屯門澳」即今天屯門新市鎮南面的青山灣。由此可見，遠在 19 世紀香港島被英國人佔領之前，屯門已經是進出廣東的海上門戶和避風「澳」，而龍鼓灘水道則是這個門戶的通道。設想一下，當時可以沿海行走的帆船若從中國東南沿海向西往廣州航行，經過香港島東面的鯉魚門，進入九龍和香港島之間（後來被稱為維多利亞港）的水域，在經過葵涌和屯門後，從龍鼓灘水道向西進入珠江口，這理當是最合理的航線。而屯門澳（即今青山灣）則是這條航線上進入珠江之前的最後一個避風良港。

圖 1.2　明代萬曆二十三年（公元 1595 年）《粵大記》廣東沿海圖（節錄）。

　　根據林準祥的考證，香港受到外國商人的注視，應始於 1830 年。當時

　　　美商威廉・活特（William W. Wood）曾取道「澳門航道」（Macao roads）航經香港水域，觀察香港島和大嶼山的地勢和水域，更曾

登陸大嶼山考察。直至 1834 年東印度公司與華貿易的專利完結，私商大舉進入中國，鴉片販運的問題和中英間的磨擦日增。因中國政府禁煙的政策不斷變化，不少大小鴉片商人，已察覺到需要比較安全的轉運港。香港擁有深水港的優勢便開始被貨運船長和進出口外商採納，作為中轉站之一，發生的時間應該不晚於 1838 年。原因是 1838 年 11 月前，廣州的巴斯商人已利用香港作為鴉片輸入中國的中轉站。此外，亦將出售鴉片所得的白銀和黃金，以香港作為中轉站運至印度孟買。有力的實物證明是 1838 年 11 月 26 日於廣州簽發的船運提單，由巴斯商人芬治・希華治（Framjee Heerajee）託運一箱 1,028 兩的銀錠，從廣州運至印度孟買，中轉站指定是「香港」，相信是巴斯鴉片販子將出售鴉片所得的盈餘運回印度，再將白銀熔鑄成銀元。這張紋銀出口的貨運提單，正是現今香港作為貿易中轉港的最早票據實物。（林準祥，2016）

林同時指出，上述事實說明，禁運鴉片恰恰是促成香港成為中轉港的原因。

1841 年，英國人佔領香港島之後，從海運角度上，最大的變化是在今天的中環和金鐘一帶建立了轉口貿易的自由港。作為地理、地質、水文條件都非常理想的避風港灣，在維多利亞港南側發展轉口碼頭的自然條件無疑十分優良。但真正決定香港作為港口城市而起步成功的因素，一定是其免稅的自由港政策。試想想，當時九龍半島和新界還沒有成為殖民地一部分時，維多利亞港兩岸原來實行着完全不同的政策：香港島免稅，而且英國正在利用當時最先進的槍炮，打開中國的貿易大門，以保護其自身海上帝國的商業和貿易利益；而海港另一方，則是執行閉關鎖國國策的清朝，努力減少海上貿易帶來的諸如鴉片等的危害。1860 年九龍半島被割讓以後，就出現了整個維多利亞港的概

圖 1.3　1860 年《北京條約》簽訂後的香港維多利亞港港灣。

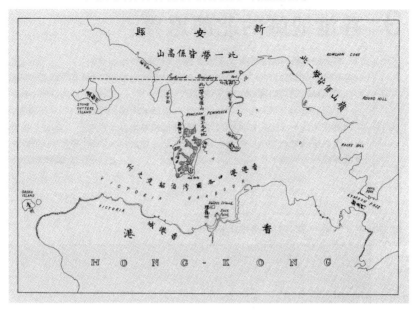

念（見圖 1.3）。而在鴉片戰爭後，清朝官員及詩人黃遵憲曾經三次經過香港，發現香港與舊金山看上去很相似，已經初具繁榮商貿都市的面貌，並賦詩《香港感懷十首》，其中一首如此形容香港：

> 指北黃龍飲，從西天馬來。
> 飛輪齊鼓浪，祝炮日鳴雷。
> 中外通喉舌，縱橫積貨財。
> 登高遙望海，大地故恢恢。（周佳榮等，2007，第 35 頁）

當中，「中外通喉舌，縱橫積貨財」一句，是他對當時香港作為貿易門戶達至繁榮的認知。

圖 1.4　1860 年的「香港城」，繪畫。

2.　自由港政策

　　早在《南京條約》簽訂前的 1841 年 6 月 7 日，英軍上校義律
（Charles Elliot）就單方面地宣佈香港為「自由港」，「不向英國政府支
付任何款項」。值得注意的是，這個時候的「自由港」，首先是指不
被東印度公司這類相當於當時「國企」的英國皇家特許公司壟斷。同
時，它也開啟了國際貿易自由的先例。首任香港總督砵甸乍（Sir Henry
Pottinger）於 1842 年 10 月 27 日曾在香港發出告示，指「香港乃不抽稅
之埠，准各國貿易」，確立香港自由港的地位。其時，英國把香港作為
自由貿易理念的一塊「試驗田」。1843 年 6 月 3 日，英國殖民地部文件
中記載了該部常任次官詹姆斯・斯蒂芬爵士（Sir James Stephens）的主
張：「香港必須實行其他英國殖民地聞所未聞的做法……（香港的）法
規和條例……在很多方面應該服從超出其制訂者預料的迫切需要。」雖
然後來香港政府逐漸開始徵收一些稅項，但除了與英國處於戰爭狀態
的國家和日本佔領時期外，香港向全世界商船開放的自由港地位長期

維持。（孫力舟，2013，第 23 頁）

在這個時期，貿易自由、投資經營自由和航運自由是香港這個自由港的基本政策特徵。這些政策成功吸引了外國企業（「洋行」）和商人前來經商，加速了貿易轉運。渣甸洋行於 1841 年買下東角（即今天銅鑼灣）的地皮，次年更將總部由廣州遷往香港，並更名為怡和洋行。其後，怡和於 1882 年成立輪船公司，在香港、上海等地設立碼頭、倉庫，並將東角發展成設有船隊、碼頭、貨倉、工廠、辦公大樓、員工宿舍以至大班府邸的總部。類似者還有蘇格蘭人德忌利士・拉拍（Douglas Lapraik）於 1843 年來港後，創立德忌利士洋行，買下香港仔臨海地皮興建船塢，並開設德忌利士輪船公司，參與建立黃埔船塢。他旗下的輪船縱橫中國沿海地區，而德忌利士・拉拍亦成為一代船王。因應市場對新船隻和船隻維修的需求，怡和、德忌利士聯同鐵行輪船公司等洋行，於 1863 年在廣州成立黃埔船塢，三年後放棄廣州業務，開始全力在香港的紅磡（即今天黃埔花園一帶）興建大型船塢，帶動了地區發展。

這一切都與 19 世紀下半葉貿易開始全球化有關。雖然有關全球化到底在甚麼時候開始有各種不同的說法，但一般認為，19 世紀初葉（約清道光十年）一方面中國經濟仍處於世界領先的階段（參見〔1〕保羅・甘迺迪〔Paul Kennedy〕；〔2〕亞當・斯密〔Adam Smith〕）；另一方面，歐美海洋經濟大國已經開始運營海洋航運，不斷帶來越來越大的洲際貿易。其中，恰恰殖民香港的英國是當年國際貿易的主力，而香港出現本身，就令中國成為當時經濟體量最大，而且與歐美有最大產品互補性的國家。同時，1869 年蘇彝士運河開通，加速了香港對美洲的貿易，加上美國當時需要大量勞工，香港便成為運送華工到美洲的重要中轉站。港府亦擴大了海港規模、訂立相關法例，並加強港口設施。於是，燈塔、天文台、避風塘等陸續建立，令航運設施逐步成熟。

隨着香港漸漸成為國際航運中心，碼頭和沿岸倉庫相應增加，分

別於 19 世紀末及 20 世紀初，在尖沙咀興建了九龍倉碼頭和太古倉碼頭，這與後面要提到的九廣鐵路有密切的關係。這些設施令尖沙咀發展成九龍區的商貿中心和交通樞紐。

3. 貿易與人口的關係

上述港口發展的原因都與貿易有關。香港開埠早期（1840–1860年），貿易有如下幾個特點：

(1) 貿易的主要對象是中國內地。中國向英國、印度出口茶葉和銀鏈；印度向中國出口棉花、鴉片；英國向中國出口百貨。而印度輸往中國的鴉片等，在英國公司的控制下完成。香港貿易是從屬於中、英、印三角貿易關係的重要部分，這亦是鴉片戰爭前格局；

(2) 鴉片戰爭期間，鴉片貿易並未停止。1841 年 8 月至 1843 年 1 月間運載鴉片的船舶達 47 艘。和戰前不同，香港島已成為鴉片走私的唯一中心；

(3) 1841 年澳門對香港的貿易處於重要地位，因 1842 年 2 月之前，璞鼎查（又名砵甸乍）管理的商務監督署仍設在澳門；

(4) 香港本身缺少可供輸出的自然資源，一切依靠外來供應，加上地理位置和條件，決定了其轉口貿易港的地位。

轉口貿易港的興起催生了香港，最簡單而直接的實證，就是香港船隻噸位與香港早期人口之間的高度關係。圖 1.5 顯示，從香港開埠的 1841 年到割讓九龍的 1860 年，香港的人口增長與船隻噸位增長基本同步，這說明香港當時經濟的本質與核心就是轉口貿易港。

類似地，雖然沒有找到與 1841 至 1860 年同樣質量、關於人口與

圖 1.5　香港開埠早期人口與停泊香港的船隻噸位變化趨勢

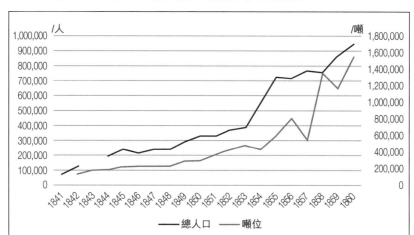

資料來源：
(1) 人口數據：
　　1841–1842 年數據來源：徐曰彪著，《近代香港人口試析（1841–1941）》。
　　1844–1860 年數據來源：《本港歷年人口統計表》，載滙豐銀行編，《百年商業》。自 1845 年起，香港戶口有籍可查，轉引自張曉輝著，《香港近代經濟史（1840–1949）》，廣東人民出版社，2001 年，第 82 頁。
(2) 航運噸位數據：
　　1841–1848 年數據來源：香港代理船政廳米切爾 1852 年 1 月 30 日報告，引自《英國議會文書》，1852 年，第 31 卷，第 297 頁；《歷年商業統計貿易表》，載滙豐銀行編，《百年商業》；1849–1860 年數據來源：《歷年商業統計貿易表》，載滙豐銀行編，《百年商業》；分別轉引自張曉輝著，《香港近代經濟史（1840–1949）》，廣東人民出版社，2001 年，第 74 及 85 頁。

貿易增長的連續性數據，圖 1.6 反映的數據還是清楚地顯示，1860 年以後直到 20 世紀初期，香港對中國內地的貿易與香港本身城市人口增長的關係，一直是線性的。也就是説，香港這 40 年發展依賴的從來不是工業，而是有百年歷史的自由貿易轉口城市（entrepôt）。這點對於本書後面的分析非常重要，因為從演化經濟地理學角度來看，香港「出生期」形成之貿易為本的特徵，在其後至今的發展中起到了非常重要的作用。

圖 1.6　香港對內地貿易額及香港總人口

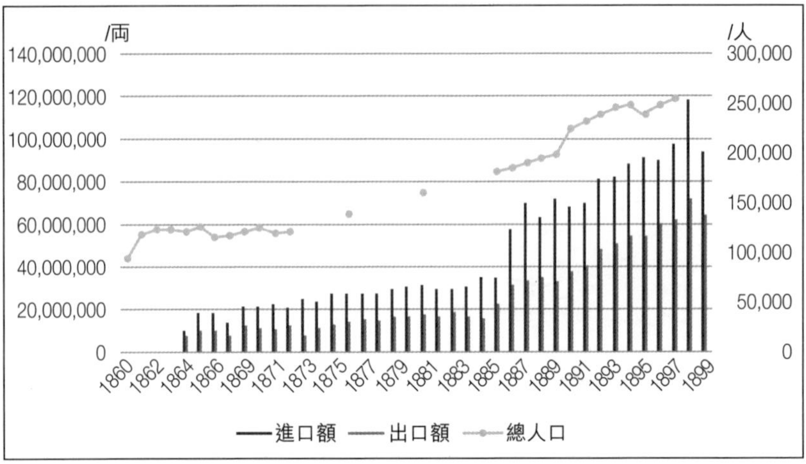

注：單位「両」，1870 年以前為「両」；1871 年以後為「海關両」。
資料來源：交通部煙臺港務管理局編，《近代山東沿海通商口岸貿易統計數據
（1859–1949）》，第 57 頁；轉引自張曉輝著，《香港近代經濟史（1840–1949）》，
廣東人民出版社，2001 年，第 150 及 156 頁；余繩武、劉存寬主編，《十九世紀的
香港》，中華書局（香港）有限公司，1994 年，第 339–340 頁；盧受采、盧冬青著，
《香港經濟史：西元前約 4000–西元 2000 年》，人民出版社，2004 年，第 131 頁。

4.　港口與外向型工業化的互動

　　清末民初，香港繼續扮演着中轉貿易角色，第二次世界大戰和中
國內戰期間，又逢國際航運業起起落落。1950 年代開始，韓戰引發聯
合國對中國實施禁運，大大打擊了香港作為轉口港的業務。從二戰後
到 1950 年間，因內地政情動盪，不少企業家、商人紛紛來港發展，而
無法繼續依賴中國對外貿易生存的香港，產業被迫轉型，經濟重心逐
步轉移到輕工業和金融地產業。於是，海上航運、修船和造船行業亦
不再成為香港經濟支柱。

　　香港作為英國殖民地，在中華人民共和國成立之初的國際環境
下，轉口貿易的生路截斷了。但這反倒促成香港進入了大約 30 年的工

業化階段（見圖1.7）。工業化的一個重要前提，就是香港已經開始成長的航運業和對主要國家已成熟的海運航線。航運業因當年地理優勢和轉運港的地位而萌芽，加上因自由港政策和經濟、貿易因素而不斷發展。1949年，由內地南來的一眾企業家開始在香港加強輕工業產品製造，面向國際，特別是歐美市場。1972年，幾乎與日本和新加坡同期，香港在葵涌區建立了貨櫃船使用的專用碼頭，開闢了到世界各個主要市場的航線，這見證了香港產業、航運業攜手前行的過程和方向。這30年，香港自身奮進，形成加工型貿易經濟體，在這個過程中走向了社會、經濟、城市的現代化。

圖 1.7　影響香港經濟發展結構的重要事件

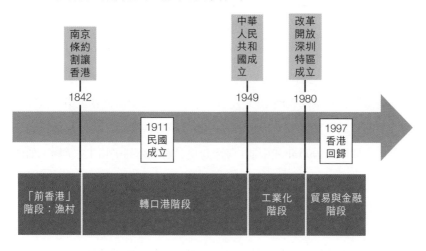

20世紀70年代初，香港貨櫃碼頭的出現，不僅意味着香港第一時間跟進了經濟全球化最關鍵技術——標準化運輸工具：貨櫃（集裝箱）這個革命性的進步，而當時的深水港選址也十分具遠見，它承受了之後整整半個世紀貨櫃船隻不斷大型化的過程：從當年承載2,000個標準箱（Twenty-foot Equivalent Unit, TEU）的船隻，到今天吃水17米、長

400 米、承載超過 20,000 個標準箱的巨輪。同時，原來位於維多利亞港兩岸的碼頭，除了服務客運的擺渡碼頭和郵輪碼頭外，其他貨運服務逐漸撤離，這對提升香港商務核心區的景觀價值極為有利。高效的葵涌深水貨櫃港對後來 80 年代形成的「前店後廠」模式（即在珠三角地區以香港為銷售出口基地，以深圳、東莞、惠州等為生產基地的產業鏈模式），貢獻極大。

1980 年代，是中國改革開放的第一個十年。鄧小平遠見卓識地在深圳等地建立了特區。1980 年緊貼香港邊界，以香港為依託和模板的深圳特區，一建立就迅速湧進大量資金、勞力，以及中央政府派來從事建設的工程隊伍。一個城市拔地而起，成為今天具有 1,800 萬人口的工業和高科技大都市。當時最重要就是利用香港的資金、管理經驗和對外航運連接，及地租低廉、勞動力成本低廉的優勢，發展所謂「三來一補」（「三來」即來料加工、來樣加工、來件裝配，「一補」即補償貿易）的出口加工工業。深圳的港口（鹽田與蛇口兩個港區）是在 1994 年形成定期國際貨櫃運輸航線，比產業進入晚 10 年左右。這個逐步成型的世界工廠，依託陸路和水路連接香港港口，完成其到國際市場的供應鏈。我曾經估算過，在高峰時期（即 1990 年代中期）每天跨境貨櫃車達到平均 1.2 萬輛。如此龐大的實體貿易，不僅給香港港口帶來了超級繁榮的時期，連陸路貨櫃司機的收入也遠遠高於香港其他司機。事實上，雖然每天工作時間很長，而且因為無法確定過關時間，生活欠缺規律，但每月收入高達港幣 4 萬多，還是令不少肯吃苦的司機，願意每天過着往返兩地的日子。

二、陸路跨境運輸：公路勝於鐵路

如前一節所言，1980 年代起通過香港與世界市場銜接的「前店後廠」模式，深圳等珠三角東部城市的生產線需要的原材料和出口成品運

輸，主要是經過公路和香港葵涌碼頭實現的。這客觀上為不斷擴充的跨界陸路口岸的通過能力和通關效率，帶來了巨大的動力。比如，原本因為貨櫃本身被中國海關視為「物品」，因此每個貨櫃進出時不僅要登記，還要與運載它的車輛同時進出，大大降低了實際運輸效率。因為每輛車都必須在工廠門口等待對應的貨櫃裝卸，而工廠也不得不等待車輛到達才可以裝貨，而不是事先已裝好。後來，海關允許貨櫃和車輛分離，大大提高了運輸效率。另外，中國海關開箱驗貨的比率（即所謂開箱率），也是影響關口車輛排隊時間的一個重要因素。而香港海關方面不斷改善報關程序，也直接影響陸路通過的效率。公路口岸比如皇崗—落馬洲口岸，之所以效率改善得比較快，是因為邊界雙方的政府，和業界一樣對香港作為門戶作用帶動整個地區經濟的深刻認知，而且政治上沒有受到阻力，也使得當年港府認真規劃和改善公路過境通道的建設。至於 1997 年以後，香港在現有三個公路跨境通道（包括落馬洲、文錦渡、沙頭角）投入較多資金，建設了具有「一地兩檢」口岸的深圳灣西部通道，將在第四章進一步討論。

在這裏值得一書的是，當時大量的跨境貨櫃車並沒有在香港境內形成大規模擁堵，影響到城市交通，其中有兩個原因：第一，香港很早就形成了以地下鐵路為骨幹的公共交通網絡及通勤主要方式，因此貨櫃車帶來的地面交通並不會直接影響大部分通勤者的生活與工作；第二，由於碼頭遷移到葵涌區，碼頭與口岸之間的交通通過郊區特定的幾條幹線公路連接，因而避開了多數繁忙的市區幹線。雖然這並不值得怎樣誇耀，但對比深圳和其他一些內地城市，貨櫃卡車大量穿行於市區造成干擾，情況的確理想很多。

與公路跨境通道不斷擴充能力相反，鐵路的跨境運輸則從 1949 到 1997 年長達半個世紀裏乏善可陳。

英國這個第一次工業革命的發祥地，當年是鐵路建設和發展的先

鋒和領導者。香港作為殖民地之一，港英政府當年興建鐵路也是走在世界前列。19世紀末，廣州與香港之間的貿易和人員來往已相當密切，興建省（廣東）港之間的「九廣鐵路」（九龍至廣州），在擁有英國技術的前提下是水到渠成之事。該鐵路從1890年代後期開始策劃，於1906年始建，乃直至2018年廣深港高速鐵路通車前100年間，唯一一條跨境通往中國大陸的城際鐵路。香港境內所謂的「英段」在1910年通車，中國大陸境內的「華段」於1911年通車，包括路軌等基礎設施分別由兩地管理。來往九龍和廣州的服務後來稱為「直通車」。中方在直通車初期經營上出現了問題，但在1920–1930年代，更大的困難似乎出現在廣州禁止鴉片運動的影響上，這使得兩地人員和貿易交往大幅下跌。進入第二次世界大戰和之後的內戰時期，在轟炸與各種戰亂影響下，直通車長期停運。在1949年中華人民共和國成立後，則由於政治因素令直通車「很遺憾地」停辦了30年。至1979年中國實行改革開放政策，和成立深圳經濟特區後，直通車才得以恢復，並由廣深鐵路股份有限公司和九廣鐵路公司聯合運營。（更詳細的歷史記錄，可參閱九廣鐵路有限公司，2010年，《鐵路百年》。）

　　雖然直通車服務隨著中國大陸改革開放而恢復，但此時的鐵路已並非完全是當年的城際線功能。香港人口在二次大戰期間從160萬，下降至1945年的60萬，戰後有大量人潮從內地湧入，1960年代的人口已遠超300萬。從這時開始，香港的工業人口越來越多，同時居住也出現郊區化。當時唯一有公共交通工具連接到市區、而地價又相對低廉的居住地，就是鐵路沿線車站附近。從60年代後期到80年代興建的大量公共屋邨及新市鎮，也是圍繞在九廣鐵路沿線和後來興建的港鐵沿線展開。於是，從紅磡到羅湖之間的沙田、大埔墟等地，人口密度大增，九廣鐵路也漸漸變成新界到九龍最重要而有龐大需求和能力的市郊鐵路。此時此刻，直通車不但無法再提高班次頻率，更因為要避讓本地巨大通

勤需求的車輛而無法提速。與此同時，在邊界的另一側，深圳到廣州的廣深鐵路複線在 1987 年建成通車，運輸量成倍增長。之後又經過多次改造和提速，最終形成中國第一條時速達 160 公里的「準高速鐵路」，於 1994 年底投入服務，把廣州到深圳的時間縮短到 70 分鐘。

　　進入 21 世紀，廣深鐵路進入四線行駛。目前，廣州東站到深圳站準高速城際客運列車的服務水平，已經達到每天 100 至 130 對，大大超過九廣鐵路的能力。這使得不少香港人或從廣州來港的訪客，在這些年間都選擇在深圳羅湖口岸轉車，因為深圳到廣州的發車頻率已高達每 10 至 15 分鐘一班；相比之下，每小時僅一班的九廣直通車變得黯然失色。在票價方面，乘坐香港東鐵到羅湖下車後自行過關，再在深圳搭乘廣深鐵路更加便宜。在香港方面，為了保全和提高需求充足、利潤良好的市郊鐵路的功能，九廣鐵路不僅跨境客運滯後，連帶原來運送生鮮（如家禽）的貨物列車，最終也逃脫不了停運下場，而接駁葵涌貨櫃碼頭的設想則從未被真正提上日程。

　　百年後，跨境的城際鐵路運輸嚴重滯後，令人非常遺憾，因為九廣鐵路設計之初，理念非常先進。例如，選址九龍站（即今天尖沙咀香港文化中心及鐘樓所在）是在多個方案討論和比較之後，找到的一個與當時遠洋商船碼頭（即今天尖沙咀海港城一帶）非常接近、又可形成海鐵聯運的地點；同時，因為有擺渡船到中環，這裏也是九龍往港島商務中心可達性最高之地。而在尖沙咀舊火車站附近出現半島酒店等配套設施，以及日後漸漸形成的這個九龍半島核心區域，正是因為尖沙咀小輪碼頭、海運碼頭以及從鐵路到廣州的城際連接所帶來，與本地主要地點、世界主要城市和華南首府的高連接度和高可達性。有意思的是，2018 年通車的廣深港高鐵，總站又重新設在離尖沙咀非常接近的九龍地鐵站附近，似乎見證了這個地點重要性的回歸。（參見本書第四章和以後幾個章節的討論。）

三、從啟德機場到赤鱲角國際機場

如果說，香港這個自轄城市的立命，是從海港從事中國對外自由貿易中轉站開始，其實就是說，她從來就是在這個國家的邊緣，隔着大海，將中國與「海外」連接起來。然而，自有民用航空業以來，對一個地方是否處於邊緣地帶的定義，不得不作出調整。如果一個城市人可以用較短時間到達世界主要城市，這個城市就不再處於邊緣地帶了。正是香港航空事業的百年發展，及其為這個城市帶來的強大空中連接，令香港取得了世界城市的地位和美譽。

香港的民航業起始於 1930 年代，當時政府從私人企業購買了啟德機場的用地。1936 年，英國帝國航空公司（Imperial Airways）經營的首班商業客運航班從檳城飛抵本港，是香港啟德機場首家提供客運服務的商業航空公司，其他經營抵港航班的航空公司包括：泛美航空（Pan American World Airways）、法國航空（Air France）、中國航空公司（Air China）等。今天看來，當年民航起步最大的困難並不在需求，而是在航空技術的限制。一架當時最流行、由美國道格拉斯公司製造的 DC3 型螺旋槳飛機的最大飛行距離不過是 2,400 公里，最高時速 330 公里。從香港這個殖民地飛往宗主國的首都倫敦，期間需要多次加油。另一個約束民航市場的因素是國家主權。每個國家都擁有自己的領空，而且把它看作重要戰略經濟資源，對本國國防也有重要意義。直到 1944 年，即第二次世界大戰結束之前，多個國家才終於在美國芝加哥簽署《芝加哥國際航權協議》（Chicago Convention on International Civil Aviation），其影響之深遠，形成了今天的九級別「航權」（Freedoms of the air）。這些航權包括飛越權（transit rights）、運輸權（traffic rights）等。

表 1.1 和相應圖示顯示的九級別航權，是國際民航市場的「基本法」，它規定了每家航空公司要進入其他國家領空的前提，是兩個當事

表 1.1　國際航權分類

航權	內容
第一航權	領空飛越權：飛越領空而不降落
第二航權	技術經停權：飛往外國途中因技術需要而在協議國降落，但不得上落客貨
第三航權	目的地卸載權：本國飛到協議國
第四航權	目的地裝載權：協議國飛到本國
第五航權	中間點權：航程由開始或結束而有權途經兩個外國，並載、卸客／貨
第六航權	橋樑權：在本國以非技術原因作人貨中轉與停留
第七航權	完全第三國運輸權：在境外接載客運而不用返回本國
第八航權	境內運輸權：在協議國內的兩個或以上機場間的可載卸客／貨航線而須以本國為起點或終點
第九航權	完全境內運輸權：在協議國內的兩個或以上機場間的航線，無須涉及本國

資料來源：*Manual on the Regulation of International Air Transport* (2nd Edition), International Civil Aviation Organisation, 2004.

圖 1.8　九級別國際航權圖示（A= 本國；B= 協議國；C= 第三國）

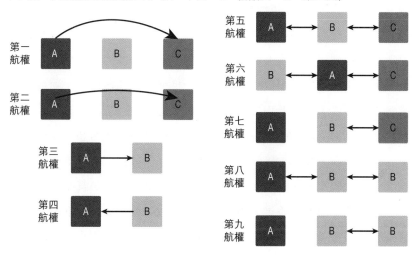

國家之間達成的雙邊協議。讓對方哪家航空公司進入領空、可否在對方城市升降搭載乘客或者貨物、可否從對方國家的機場運載乘客飛往第三國、航線飛經哪些地方等問題，都需要在雙邊協議內列明。更形象化地說，這些航權協議就像無形的空中公路及其行駛權。一個國家的「空中客車」如果沒有得到對方國家許可，就不可以在對方的空中公路上行駛。當然，建了「天路」並不等於一定要把車輛開上去，而這取決於市場需求。

由於「開車」的都是私人經營的航空公司，因此香港究竟在哪年開通和關閉了哪些航線，無法取得詳盡歷史數據。但我卻調查到，香港在每個年代與哪些國家和地區有通航協議。圖 1.9 是根據這些協議繪製的地圖，它揭示了香港從 1950 年代到 2010 年代，如何逐步打開民航國際市場，把小小彈丸之地與全球聯繫上來。

這張地圖告訴我們不少有趣的過去。首先，它再清楚不過地顯示，香港作為前英國殖民地，在 1970 年代以前所通航的國家主要是英聯邦國家、前英屬殖民地，或者與英國關係密切的國家（見圖中最深色地區）。其次，1970–1980 年代，隨着政治氣候改變，香港與中國大陸通航。第三，到了 1990 年代和 21 世紀初，俄羅斯以及東歐前社會主義陣營國家、旅遊熱門地北歐，和東非國家進入了連接範圍。有意思的是，從那些到現在也沒有與香港簽署雙邊航權協議的國家來看，協議的簽訂似乎並非以經濟發達與否為單一標準。比如西班牙、葡萄牙和非洲大部分國家，以及南美多數國家都沒有與香港簽訂協議。如以技術因素主導（即距離越遠的國家簽訂協議越少）的原因分析，也並不成立，因為美國、加拿大等國家早就通航了。語種卻似乎是更重要的因素：非英語國家不論處於哪個洲，與香港通航都較遲，甚至至今也沒有簽訂協議，恐怕與香港人跟他們缺少溝通，所以旅遊量低、缺乏需求有關。最後還有一些曾經與香港簽訂協議、但最後卻終止的國家，

圖 1.9 與香港有航權協議的國家之分佈與演變

圖 1.9 與香港有航權協議的國家之分佈與演變

圖例

夏威夷

	未簽協議	簽署協議	終止協議	重簽協議
1950年代				
1960年代				
1970年代				
1980年代				
1990年代				
2000年代				
2010年代至今				

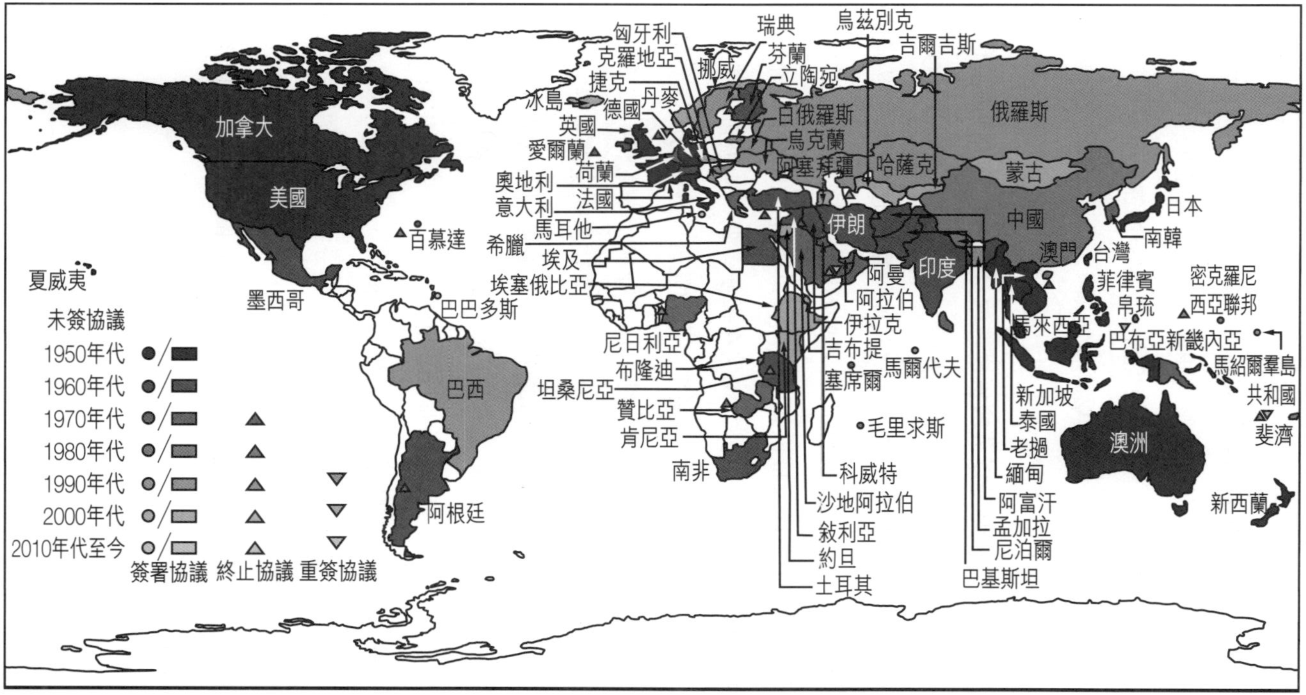

資料來源：從國際航權組織和香港機場管理局收集整理而成。

例如戰火紛飛的敍利亞和長期不穩定的伊拉克。總而言之，航權協議形成了一種對其他國家和地區領空飛行許可的「空間擴展」，其實主要與地緣政治氣候和人員交流密切相關。隨着技術進步，能否飛到已不成問題，反而是有否從香港直接飛到那些地方的需要。

我在這裏利用了一定篇幅解釋航權，是因為它構成了香港在「一國兩制」特定環境中一個很少人注意的優勢。1997 年回歸祖國以前，香港對外的航權談判是以英國殖民地的身份進行的，即由英國代表香港與其他國家談判。而在《基本法》中特別規定，香港在 1997 年回歸後，由香港特區政府自行獨立地與其他國家和地區進行航權談判。這一點非常重要。因為如果和中國內地城市一樣，以中國這個國家單元與其他國家簽署雙邊航權協議，每個城市所獲得的給予國外航空公司直飛航線的機會，需要由對方國家在權衡多個中國城市之後選擇。比如，一個國家獲得每週 50 班飛往中國的航班，該國的航空公司便會在北京、上海、廣州、南京、成都、西安等地作出比較，然後選擇某種最有利的航線分佈。而當香港可以獨立與這個國家談判時，這個國家便不需要有這種平衡航線分佈的考慮。從香港的角度來看，因為她可以主動選擇與哪些國家優先互換航權，發展航空業務，香港在跟同一地區的其他中國城市比如深圳和廣州競爭時，就擁有明顯的選擇優勢和主動權。而更重要的是，在開放第五航權，允許其他國家的航空公司利用香港作為中轉樞紐或者接駁地時，香港也能主動選擇開放的程度與時機，從而在區域競爭中取得優勢。在本書第三、六及七章中，將會進一步闡釋建立交通運輸區域樞紐優勢和全球可達性優勢對香港的重要性。

參考文獻

古物古蹟辦事處（2018），〈屯門近年考古發現〉，網頁：http://www.amo.gov.hk/b5/archaeology_recent_tuenmun.php。

周子峰（2012），《圖解香港史（遠古至一九四九年）》，中華書局（香港）有限公司。

周去非（宋），《嶺外代答》卷三〈航海外夷〉，《欽定四庫全書》・史部十一・地理類。

周佳榮、侯勵英、陳月媚主編（2007），《閱讀香港——新時代的文化穿梭》，香港教育圖書公司。

林準祥（2016），〈「一帶一路」與香港的開埠〉，載於《灼見名家》，網頁：https://www.master-insight.com/%E3%80%8C%E4%B8%80%E5%B8%B6%E4%B8%80%E8%B7%AF%E3%80%8D%E8%88%87%E9%A6%99%E6%B8%AF%E7%9A%84%E9%96%8B%E5%9F%A0/。

甘迺迪，保羅（Kennedy, Paul）著、蔣葆英譯（1989），《大國的興衰》，中國經濟出版社，第 4 頁。

孫力舟（2013），〈自由港政策——香港成功的重要秘訣〉，《決策探索》，2013 年第 12 期，第 23 頁。

斯密，亞當（Smith, Adam）（2001），《國富論》，陝西人民出版社，（上冊）第 412、429 頁；（下冊）第 747 頁。

劉智鵬、劉蜀永（2012），《香港地區史研究之四：屯門》，三聯書店（香港）有限公司。

羅香林（1959），〈屯門與其地自唐至明之海上交通〉，載於《一八四二年以前之香港及其對外交通》，香港中國學社，第 21–22 頁。

第二章

1997 年後香港航運和
港口的發展與角色演變

本章摘要

　　本章集中討論 1997 年以來，香港作為華南地區最高效率和最重要航運樞紐港的重要轉變及其原因。隨着香港貨櫃碼頭經營者在 1990 年代初開始在深圳鹽田港和蛇口港等地投資和經營，以及廣州南沙港區的崛起和從集中處理國內沿海業務到逐步加大國際航運比重，香港葵青貨櫃碼頭（前稱葵涌碼頭）近 15 年來漸漸從以珠三角腹地運輸為主的港口，轉變成一個以中轉為主的港口。形成這種轉變主要有三個原因：第一，包括香港在內的粵港澳大灣區內，出現了「港口區域化」的結構，即同時有三、四個港區（香港葵青、廣州南沙、深圳鹽田、深圳蛇口）有大量國際直達航線，分攤了原來主要靠香港為樞紐的連接和運量。這種情況出現，本質上是因為市場規模足夠大和港口市場化發展所造成。第二，由於「一國兩制」的原因，香港港口具有「國內關外」的優勢，避開了「沿海運輸權」的法律限制，形成了本地區獨一無二的國際班輪公司在中國大陸海關外建立中轉樞紐的條件。第三，前面兩個原因加上香港相對遠洋主航道更近、綜合成本更高，和社會向更高階經濟結構轉型的情況下，其與周邊港口形成明顯分工。隨着香港經濟對港口的依賴度下降和更加關注環境保護，在本章最後一節會介紹我在 2017 年提出把香港港口進一步遷離現有市區之具體建議。

本書第一章已經介紹香港於 1841 年開埠時，早年商業活動以貿易為主。香港從開埠以來既是南亞太地區的樞紐港，也是內地與世界其他地區的重要轉口港。但其作用在 20 世紀也有過停頓、轉變與升級。所謂「停頓」，是指第二次世界大戰以及內戰期間因戰亂而停頓；「轉變」是指 50 年代到 80 年代初，隨着香港工業化而成為出口加工貿易的支撐；而 80 年代中期至 90 年代末，珠江三角洲成為「世界工廠」，香港的港口便成為這家工廠最重要的原材料和製成品進出的門戶，以及連接世界市場的核心點。

進入 21 世紀，香港作為轉口港的作用再一次回歸。「香港是兩種不同模式海上交通工具 —— 來自太平洋的巨型遠洋船與來自珠江的小型沿岸或內河船 —— 的交匯處，更是新加坡與上海之間充分開發的現代化深水港，因而成為華南海上貿易活動的集中地。」（香港特別行政區政府海事處）。這一作用越來越集中體現在香港的兩個主要貨運碼頭區：葵青貨櫃（即集裝箱）碼頭區和香港內河碼頭區。需要指出的是，除了貨櫃，香港水上對外交通還包括連接澳門、珠海、廣州南沙等地的客運輪渡服務，和一定數量的散貨碼頭。客運服務除了澳門和珠海的生意相對穩定外，其他連接則逐漸被陸路運輸取代。散貨包括成品油、煤炭等，主要是供本地基本消費，從對外交通上意義不大。因此，本章將集中探討貨櫃業和貨櫃碼頭為香港帶來的影響，以及目前存在的種種問題。

葵青貨櫃碼頭位於香港新界葵青區藍巴勒海峽兩岸，是香港最主要的貨櫃物流處理中心。在葵青貨櫃碼頭建成之前，香港的貨運業務主要集中在尖沙咀九龍倉碼頭。隨着貨櫃運輸於 1960 年代在國際航運業中興起，香港作為亞洲地區重要的樞紐之一，必須興建貨櫃碼頭以迎合這個趨勢。同一時期，香港政府擴展荃灣新市鎮，因此貨櫃碼頭便選址葵涌醉酒灣填海地上，以配合新市鎮發展。葵青貨櫃碼頭原

稱葵涌貨櫃碼頭，2000 年代初貨櫃碼頭的範圍擴展至青衣南部，並更名為葵青貨櫃碼頭。現時葵青貨櫃碼頭共有 9 個碼頭，24 個泊位，共8,530 米深水岸線。

香港內河碼頭是香港首個為內河貨運而建的碼頭，位於珠江口及屯門西。該碼頭為來往珠江三角洲及香港之間的貨櫃和散貨，提供全面裝卸處理及倉儲服務。該碼頭由香港內河碼頭公司經營，公司由和記港口集團有限公司與新鴻基地產發展有限公司各佔 50% 股份合資成立。

一、貨櫃碼頭的表現

香港是全球最大的貨櫃港口之一，扮演着亞洲（尤其是中國內地）與世界其他國家及地區的貨櫃樞紐港角色。從 1980 年代至今，香港一直屬於世界前十大貨櫃港（表 2.1）。

過去 40 多年來，隨着北美及西歐製造業逐漸轉移至亞洲成本較低的國家及地區，亞洲新興市場逐漸崛起，全球化成為世界經濟主流趨勢，全球貿易重心逐漸東移。伴隨着這種趨勢，亞洲地區港口在全球版圖上越見重要。杳港是歐美地區大中小型公司早期在亞洲最主要的交易夥伴之一，其港口是亞洲與其他各洲（尤其是歐美地區）的貨物運輸重要交通點之一。

從 1980 年到 2000 年的 20 年間，香港在全球貨櫃港口的排名由第三位升至第一位，超越了紐約新澤西港、鹿特丹港及新加坡港。後來在 2000 年到 2015 年的 15 年間，其排名被上海港、深圳港、寧波 — 舟山港及新加坡港超越，由全球貨櫃港口第一位降至第五位。

在國際貿易和全球運輸方面，一直以來香港也是中國與其他國家的重要橋樑。從全球十大貨櫃港口歷年排名變化中，可以看出在中國改

表 2.1 1980–2015 年世界十大貨櫃港（單位：萬標準箱／萬 TEU）

名次	1980 年		1990 年		2000 年		2010 年		2015 年	
	港口	輸送量	港口	輸送量	港口	輸送量	港口	輸送量	港口	輸送量
1	紐約新澤西	194.7	新加坡	522.4	香港	1,809.8	上海	2,907	上海	3,653.7
2	鹿特丹	190	香港	510.1	新加坡	1,708.7	新加坡	2,843	新加坡	3,092.2
3	香港	146.5	鹿特丹	366.7	釜山	7,540.4	香港	2,353	深圳	2,421
4	高雄	97.9	高雄	349.5	高雄	7,425.8	深圳	2,251	寧波—舟山	2,062.9
5	新加坡	91.7	神戶	259.6	鹿特丹	628	釜山	1,416	香港	2,011.4
6	漢堡	78.3	洛杉磯	258.7	上海	561.3	寧波	1,314	釜山	1,943
7	奧克蘭	78.2	釜山	234.8	洛杉磯	487.9	廣州	1,255	青島	1,743.6
8	西雅圖	78.16	漢堡	196.9	長灘	460.1	青島	1,201	廣州	1,739.7
9	神戶	72.7	紐約新澤西	187.2	漢堡	424.8	迪拜	1,160	迪拜	1,559
10	安特衛普	72.4	基隆	182.8	安特衛普	408.2	鹿特丹	1,115	天津	1,411.1

來源：Containerisation International Yearbook, issues of year 1980, 1990, 2000, 2010；中港網，2015 年。

革開放初期，中國對外進出口貨物主要依賴香港港口。而近十年來，隨着中國自身經濟發展，中國在全球商品貿易中的分量越來越重，其自身港口基礎設施建設水平也逐漸提升，令中國對外進出口貨物從大程度依賴香港港口，逐漸轉變到更平均地分佈於中國內地主要港口及香港港口。

港口吞吐量排名的轉變，也許可以從一個側面反映出世界宏觀貿易格局，但對於港口所在城市而言，港口究竟在本地對外貿易上扮演甚麼角色，以及這個角色有否發生變化，恐怕更為重要。

按照運輸方式區分的香港貿易

隨着經濟及貿易發展，香港從最初僅提供基本運輸服務的初級貿易港，逐漸升級成為提供運輸、資訊及金融等多方面服務的綜合性大型物流及貿易樞紐中心。同時，香港的貿易運輸也逐漸由以海運為主轉變為以空運為主。

如圖 2.1 所示，從 1995 年到 2015 年，香港由水運運輸的貿易貨值絕對值保持在一個平穩範圍內。1995 年香港由水運運輸的貿易貨值為 7 千億港元，到了 2015 年，該數值僅為 7.7 千億港元。與此同時，香港由空運運輸的貿易貨值絕對值，在 1995 年到 2015 年的 20 年間，增長了 8.5 倍，該數值由 1.7 千億港元增長至 1.3 萬億港元。同期，香港由公路運輸的貿易貨值絕對值增長了 6 倍，從 2.4 千億港元增長至 1.4 萬億港元。

通常對一個海港城市，尤其是貿易型海港城市來說，海運是其發展初期的主要貿易運輸方式。海運通常也是大宗商品、大體積商品及低價值商品的主要運輸方式。在貿易型城市經濟發展初級階段，城市土地資源及人力資源價格較低，適宜發展海港及遠洋運輸。當貿易型城市發展到一定階段，經濟水平提高，各種成本（包括土地、人力、生產

圖 2.1　香港不同運輸方式的轉口貿易值

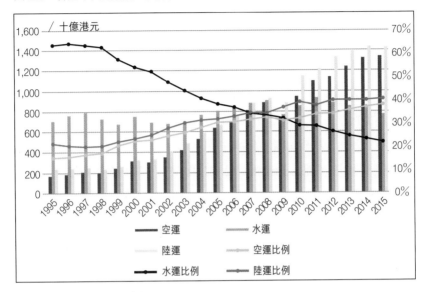

資料來源：香港政府統計處。

資料成本等）也逐漸上升。海運作為一種只在土地價格和人力成本低廉的情況下才能持續發展的運輸方式，很大程度上不再適合發展成熟階段的貿易型城市；而空運作為佔地較少、附加值高的運輸方式，單位產出量遠高於海運，因此在貿易型城市的成熟階段，空運會逐漸取代海運，成為該城市貿易的主要運輸方式。

　　香港作為一個天然深水港，是中國改革開放初期華南地區唯一的大型深水港口。同時在英屬殖民地歷史背景下，香港擁有廣泛的歐美商業渠道，培養了大量精通中英文的商貿人才。因此，在 1980 年代中國改革開放初期，廣東地區大力發展出口型經濟，香港便為廣東地區的出口製造加工業提供了大量出口貿易服務，促進華南地區出口製造加工業的發展，同時華南地區蓬勃發展的出口加工業又進一步推動了香港港口的發展。

香港城市受惠於貿易及海運業的發展，逐漸演變成亞洲甚至全球重要貿易及物流中心之一。隨之的配套服務如金融、資訊服務等，也得到大力發展，因此香港也逐漸發展成全球重要金融中心之一。在香港發展過程中，城市本身的各種資源價格隨之上升，尤其是土地和勞動力成本上升，使得香港整體商業環境需要邁向高附加值的商業模式。在這種情況下，由於海運及港口的可持續營運需要低廉土地成本和人工成本，因此海運逐漸難以支撐香港經濟發展。

同一時期，香港作為全球貿易及金融中心，航空客運業快速增長。在這個情況下，香港發展了廣泛的航空網絡及完善的機場基礎設施，航空貨運業也受惠於此。與海運不同，空運更適合運輸高附加值及體積小的貨物，單位收益率比海運高。因此，空運逐漸成為更適合香港整體商業環境的物流方式。

另一方面，香港作為珠三角與全球其他地區的貿易門戶，使用空運的國際貿易貨品體積較小（如電子產品），並且要求一定的時效性；而這部分貨物在香港與珠三角之間，更傾向使用陸路運輸。可以看到，香港陸路運輸所佔市場份額的變化與空運所佔市場份額的變化幾乎一致。如圖 2.1 所示，在貿易運輸的整體市場中，1995 年水運所佔的市場份額為 64%，空運及陸運所佔的市場份額分別為 15% 及 21%；2015 年水運所佔的市場份額下滑至 22%，空運及陸運所佔的市場份額分別上升至 38% 及 40%。這一方面與香港作為一個貿易服務型城市的發展有關，另一方面也與珠三角其他貨櫃碼頭的快速發展有關。

我在 2010 年（王緝憲，2010）就注意到這種不同運輸方式對香港對外貿易貢獻的轉變，並提出了一個理論概念模型（圖 2.2）。這個模型形象化地比較了工業化時期與工業化後的香港，不同運輸方式所承擔的功能。貿易全球化和產業隨着越來越昂貴的城市土地租金，使得注重成本的製造業遷出香港，隨之遷出的還有相關的海運和港口業務。

因為產業向金融、生產性的服務業等升級，於是空運、人員流動以及資金和信息流動都變得越來越重要。這種情況以前曾經在倫敦、紐約、東京、芝加哥出現，現在則在香港出現；今後還可能在上海及新加坡出現，除非這兩個城市對產業選擇與發展受到強烈的政府干預。

圖 2.2　國際樞紐港城市在全球化過程中的升級轉變模型

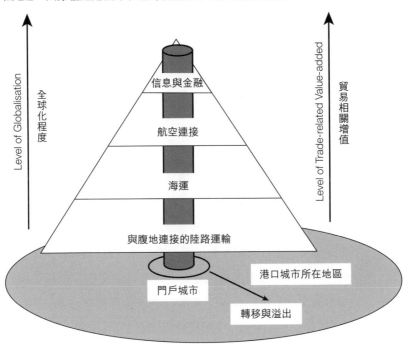

資料來源：作者繪製。

二、珠三角貨櫃港口區域化

珠三角地區有三個重要的門戶港口，包括：香港港、深圳港及廣州港。香港港從 1970 年代開始作為港澳地區的重要海港，其後從 1980

年代起作為大珠三角地區乃至中國的重要海港。從 1990 年代開始，隨着廣東地區經濟發展及大量外資湧入，廣東基礎設施建設發展迅速、製造業成為廣東支柱產業。在這種情況下，和記黃埔等外資碼頭運營商看好深圳港口發展潛力，遂大力投資深圳鹽田港等國際貨櫃碼頭。從 2000 年代開始，廣州市政府也開始大力發展南沙港，同時挖掘南沙深水出海航道，致力打造國際級貨櫃港口和航運中心。由於深圳鹽田港和廣州南沙港的水深條件、更靠近製造工廠的地理位置及低廉的土地和人力成本，兩者發展迅速，在過去 20 年間逐漸追趕香港港。2010年，深圳港成為全球第四大貨櫃港口；2015 年，深圳港超越香港港成為全球第三大貨櫃港口。同期，廣州港也進入全球前十大貨櫃港口之列。（表 2.1）

　　如圖 2.3 所示，從 1992 年到 2015 年，香港、深圳、廣州三個貨櫃港口的輸送量均有所上升。其中，香港港貨櫃輸送量由 6.7 百萬 TEU（即標準箱）上升至 2 千萬 TEU；深圳港貨櫃輸送量由 11 萬 TEU 上升至 2.4 千萬 TEU；廣州港貨櫃輸送量由 18 萬 TEU 上升至 1.8 千萬 TEU；珠三角三大貨櫃港的總體輸送量由 7 百萬 TEU 增長至 6.2 千萬 TEU。但是，同一時期香港港輸送量在三大港口中所佔份額卻由 96%卜降至 32%；而深圳港輸送量在三大港口中所佔份額則由 2% 上升至39%；廣州港輸送量在三大港口中所佔份額也由 3% 上升至 28%。由此可以看出，深圳港和廣州港正逐漸跟香港港形成一個三足鼎立的珠三角貨櫃區域化港口體系。這個體系還包括一大批中小港口：中山（小碼頭羣）、佛山（沿江碼頭羣）、珠海、江門、肇慶、汕頭、東莞虎門、惠州澳頭等。

圖 2.3 珠三角三大貨櫃港口輸送量及市場份額

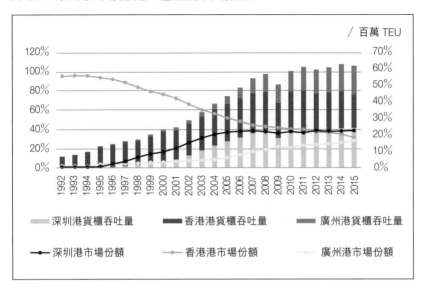

資料來源：香港政府統計處、《中國港口年鑑》。

　　圖 2.3 更清晰地顯示了珠三角的貨櫃港體系在過去 20 多年間，
貨櫃輸送量如何逐漸從香港轉移到深圳港和廣州港。在一個港口體系
中，觀察港口之間的「年平均轉移貨櫃輸送量」[1] 可有效地判斷港口區
域化的特徵及程度。當一個港口體系增長，同時港口體系中各個港口
也按比例增長時，則這幾個港口的年平均轉移貨櫃輸送量為零；如果
港口體系中的某個或某幾個港口的增長超過其他港口，並且增長比例
超過其自身在港口體系中的份額，則該港口的年平均轉移輸送量為正
數，其他港口的年平均轉移輸送量則為負數。如圖 2.3 所示，從 1995
年到 2015 年這 20 年間的各個時間段中，香港港口的年平均轉移貨櫃

---

1 「年平均貨櫃輸送量」：Average annual net shifts between ports in the port
　(Notteboom, 1997)。

輸送量均為負數,意味着在珠三角港口體系中,深圳港和廣州港的貨櫃輸送量增長速度,比香港的貨櫃增長速度快。換句話說,深圳港和廣州港的高速增長,其代價為香港港的低速增長,顯示在港口體系發展過程中,深圳港和廣州港逐漸取代香港港。在圖 2.3 顯示的各個時段中,在 1995–1997 年段、1998–2000 年段、2001–2003 年段,深圳港的增長遠超過廣州港的增長;而在 2004–2006 年段、2007–2009 年段、2010–2012 年段、2013–2015 年段,廣州港的增長遠超過深圳港的增長;甚至在 2007–2009 年段,廣州港的年平均轉移貨櫃輸送量是從香港港和深圳港轉過來的。這說明在過去 20 年間,深圳港在前十年中快速發展,廣州港在後十年中快速發展,而香港港的貨櫃港口地位則逐漸被深圳港和廣州港追趕,甚至取代。

圖 2.3 和圖 2.4 都顯示了在珠三角地區中,深圳港和廣州港正逐

圖 2.4 珠三角三大貨櫃港口之間的年平均轉移貨櫃輸送量

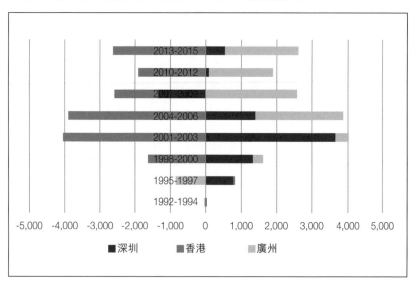

資料來源:香港政府統計處、《中國港口年鑒》。

漸部分取代香港港的角色。其中主要原因,是深圳港和廣州港以其更加優越的地理條件和成本優勢,逐漸吸納大部分珠三角地區的進出口貨物。因此,越來越少珠三角的貿易商品使用香港港。但是,香港的貨櫃吞吐量並沒有因此萎縮,而是轉向水水中轉。

三、香港從門戶港向中轉港的轉變

通常來說,一個貿易型港口城市在發展的同時,其貿易運輸方式會隨之變化 —— 由海運逐漸轉變為空運,隨後以海運為主的產業(包括港口)將在該城市逐漸萎縮。但是,香港的情況貌似有點不同。在過去20年間,雖然香港以海運為運輸方式的貿易量停滯,但是從1998年至今,香港港口的貨櫃輸送量卻整體上升(雖然受經濟危機拖累,香港港口輸送量從2012年起開始微跌)。這是因為近20年來,香港港口轉運貨櫃輸送量持續增長。

香港港口處理的貨櫃分為兩類:直接裝運貨櫃和轉運貨櫃。其中「直接裝運貨櫃」指該貨櫃中的貨物屬於香港貿易商品(包括進口香港或從香港出口/轉口的貨物);「轉運貨櫃」中的貨物是指以聯運提單在香港轉運的貨物(有別於進口香港後再轉出口的貨物),通常轉運貨櫃中的貨物並不會被提出該貨櫃,轉運以在不同船隻之間轉換貨櫃為主。

如圖2.5所示,從1998年到2011年,香港港口輸送量從11,489 TEU增長至14,248 TEU,隨後2015年下跌至11,792 TEU。其中,1998年轉運貨櫃佔整體港口輸送量的34%(內河轉運7%、海運轉運27%),直接裝運貨櫃佔整體港口輸送量的67%(內河直接轉運11%、海運直接裝運56%);到2015年,轉運貨櫃佔整體港口輸送量的69%(內河轉運19%、海運轉運50%),直接裝運貨櫃佔31%(內河直接裝

圖 2.5 香港直接裝運貨櫃輸送量與轉運貨櫃輸送量之比較

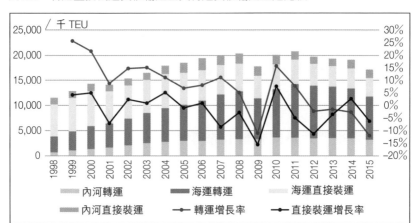

資料來源：香港政府統計處。

運 9%、海運直接裝運 22%）。從 1998 年到 2011 年間，香港港口處理的轉運貨櫃增長了 203%，而直接裝運貨櫃量卻下降了 30%。

　　以上數據表明，在香港發展過程中，雖然以空運為主的貿易運輸方式取代了以海運為主的貿易運輸方式，但是港口本身的發展並沒有停滯。可以這麼說，珠三角地區貨櫃港口系統的發展，沒有按照傳統意義上港口區域化的路徑進行（即在港口區域系統發展過程中，離腹地較近的港口將逐漸發展，離腹地較遠的港口輸送量將逐漸萎縮，直至被周邊港口取代）。這是因為香港港所處理的轉運貨櫃的增量彌補了因海運貿易停滯引致的損失。香港港口轉運貨櫃量快速增長的原因有二：（一）由於香港海運貿易停滯，碼頭運營商為了彌補直接轉運貨櫃減少而引起業務萎縮，因此積極發展轉運服務，期望以此保持碼頭運營業務的持續發展；（二）中國大陸的「沿海運輸權」（「沿海貿易權」）政策使得外國貨櫃運輸船在中國地區攬貨時，必須使用香港作為中轉港，這個政策推高了香港的轉運貨櫃輸送量。我在下一節將詳細介紹中國大

陸「沿海運輸權」政策對香港港口發展的影響。

　　分析來往不同地區轉運貨櫃在香港整體轉運貨櫃中的比例，可從更深層面看到香港港口發展的趨勢。我們可觀察到來往不同地區的轉運貨櫃在香港整體轉運貨櫃輸送量中的比例有所改變。圖 2.6 顯示，從 2002 年至 2014 年，在香港所有轉運貨櫃中，珠三角地區的比例由 32% 降至 27%，中國內地（除珠三角地區外）的比例在 11%–14% 的範圍間浮動，亞洲其他國家的比例則從 28% 上升至 33%，世界其他地區的比例在 27%–31% 的範圍間浮動。整體而言，來往珠三角地區的轉運貨櫃比例在逐漸減少，來往亞洲其他國家的轉運貨櫃比例則在逐漸增加，而來往中國內地（除珠三角地區外）的轉運貨櫃量比例則保持在一定範圍內。這個現象很大程度上由以下原因引起：（一）深圳港與廣州港逐步完善的基礎設施、低廉的價格及距離製造業基地更近的地理位置，使越來越多珠三角貨主使用陸運方式將貨物運至廣州港及深圳港再出

圖 2.6　來往各地區的轉運貨櫃在香港整體轉運貨櫃輸送量中的比例

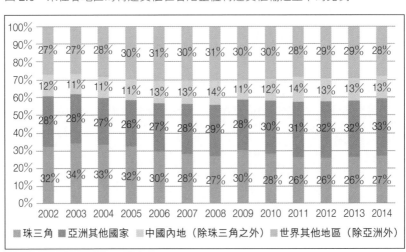

資料來源：香港政府統計處。

口，因此珠三角地區的轉運貨櫃在香港整體轉運貨櫃輸送量中的比例逐漸減少；並且基於廣州南沙港的現有規劃，預料南沙港將繼續吸引更多進出珠三角的貨物；（二）中國現行的「沿海運輸權」，是中國內地（除珠三角地區外）轉運貨櫃在香港所有轉運貨櫃保持穩定比例的原因；（三）由於產業結構及勞動力成本變化，大量低端製造業從中國遷往東南亞國家（如越南、印尼等），令「中國工廠」演變為「亞洲工廠」。當這些「亞洲工廠」的製造基地較為分散時，香港成了南亞地區一個理想海運中轉點，因此使得亞洲其他國家的轉運貨櫃在香港整體轉運貨櫃輸送量中的比例逐漸增加。

四、中國沿海運輸權的影響

沿海運輸權又稱沿海貿易權，指一國國內沿海從事運輸貿易的權利。目前許多國家為了保護本國或者區域性成員國的船隊，都通過立法來禁止懸掛本國／區域性成員國國旗的船舶在本國從事沿海運輸貿易，而將沿海運輸權賦予本國／成員國船隊獨享。此舉一方面是國家為了保護本國航運業的經濟利益，另一方面是關係到國家主權和國土安全。

從 1990 年代開始，中國政府以立法或者頒佈政策對中國大陸的沿海運輸權作出定義及規定。表 2.2 詳細描述中國政府對沿海運輸權的規定。可以看出，1993 年頒佈實施的《海商法》對中國沿海運輸權的規定相當嚴格，規定

中華人民共和國港口之間的海上運輸和拖航，由懸掛中華人民共和國國旗的船舶經營。但是，法律、行政法規另有規定的除外。非經國務院交通主管部門批准，外國籍船舶不得經營中華人民共和國港口之間的海上運輸和拖航。

這意味着中國大陸地區的沿海運輸權僅開放給中國籍船舶。換句話説，外籍船舶或懸掛非中國國旗的船舶，不得將中國內地港口裝船的貨櫃直接運至另一內地港口卸船。比如，一艘註冊地為巴拿馬的船舶，在深圳裝載的貨物不得直接運至上海卸船。

隨着中國經濟及中國港口發展，該沿海運輸權對中國沿海港口，尤其是上海等國際港口的中轉業務發展極為限制。因此，從 2013 年開始，中國政府逐漸放開對沿海運輸權的規定，如 2013 年 9 月 27 日頒佈的《交通運輸部、上海市人民政府關於落實《中國（上海）自由貿易試驗區總體方案》加快推進上海國際航運中心建設的實施意見（交水發〔2013〕584 號）》中規定：

> 允許中資航運公司利用自有或控股擁有的非五星旗國際航行船舶，先行先試外貿進出口集裝箱在國內開放港口與上海港之間（以上海港為中轉港）的捎帶業務。

這意味着沿海運輸權在一定程度上在上海港範圍內向非中國籍船舶開放。

到了 2015 年，該範圍擴大至國家自由貿易區的國際港口，如 2015 年 6 月 1 日頒佈的《交通運輸部關於在國家自由貿易試驗區試點若干海運政策的公告》中規定：

> 註冊在境內的中資航運公司可利用其全資或控股擁有的非五星紅旗國際航行船舶，經營以自貿區開放港口為國際中轉港的外貿進出口集裝箱在國內沿海對外開放港口與自貿區開放港口之間的捎帶業務。

雖然中國大陸地區的沿海運輸權逐漸對非中國旗船舶開放，但是

表 2.2　中國沿海運輸權的演變

文件或政策	頒佈機構	頒佈／施行時間	頒佈內容	所在文件位置
《中華人民共和國海商法》（1992年11月7日第七屆全國人民代表大會常務委員會第二十八次會議通過）	全國人大常委會	1992年11月7日中華人民共和國主席令第六十四號公佈；自1993年7月1日起施行	中華人民共和國港口之間的海上運輸和拖航，由懸掛中華人民共和國國旗的船舶經營。但是，法律、行政法規另有規定的除外。非經國務院交通主管部門批准，外國籍船舶不得經營中華人民共和國港口之間的海上運輸和拖航。	第四條
《中華人民共和國國際海運條例》（國務院令第335號）	國務院	2001年12月11日公佈；自2002年1月1日起施行	外國國際船舶運輸經營者不得經營中國港口之間的船舶運輸業務，也不得利用租用的中國籍船舶或者以互換艙位等方式變相經營中國港口之間的船舶運輸業務。	第二十八條
《中國（上海）自由貿易試驗區總體方案》（國發〔2013〕38號）	國務院	2013年9月18日	允許中資公司擁有或控股擁有的非五星旗船，先行先試外貿進出口集裝箱在國內沿海港口和上海港之間的沿海捎帶業務。	附件第二條第四點
《交通運輸部、上海市人民政府關於落實《中國（上海）自由貿易試驗區總體方案》加快推進上海國際航運中心建設的實施意見》（交水發〔2013〕584號）	交通運輸部、上海市人民政府	2013年9月27日	實施沿海捎帶試點政策。推動中轉集拼業務發展。允許中資航運公司利用自有或控股擁有的非五星旗國際航行船舶，先行先試外貿進出口集裝箱在國內開放港口與上海港之間（以上海為中轉港）的捎帶業務。	第二（二）第六點
《交通運輸部關於上海試行中資非五星旗國際航行船舶沿海捎帶業務的公告》	交通部	2013年9月30日	允許內資航運公司利用全資或控股擁有的非五星旗國內航行船舶，經營以上海港為國際中轉港的非五星旗國內對外開放港口與上海港之間的捎帶業務（以下稱「試點捎帶業務」）。現將有關事項公告如下：一、自本公告之日起，根據開展試點捎帶業務的有關公告辦理備案手續。可利用其全資或控股擁有的非五星旗國際航行船舶，開展其備案《中華人民共和國國際海運條例》規定的「國際班輪運輸經營資格登記證」，指在註冊本境內。二、本公告所稱「中資航運公司」，指在註冊本境內、依據《中華人民共和國國際海運條例》取得《國際班輪運輸經營資格登記證》，指在註冊本境內，從事五星旗國際海運業務。……六、依照本公告第二條規定或控股擁有的船舶、其他任何非五星旗船舶，不得承運在中國港口間的集裝箱貨物，包括不得承運在國內一港裝船、經國內另一港承運、不得承運在國內另一港裝船、或者在國內一港卸船的外貿集裝箱貨物。如違反本條規定，將依據《中華人民共和國國際海運條例》第四十五條等規定予以處罰。	第一條、第二條、第六條
《交通運輸部關於在國家自由貿易試驗區試點若干海運政策的公告》	交通部水運局	2015年6月1日	六、註冊在境內的中資航運公司可利用其全資或控股擁有的非五星旗國際航行船舶，經營以自貿區開放沿海港口為國際中轉港的外貿進出口集裝箱在國內沿海港口與自貿區開放沿海港口之間的捎帶業務，從事業務時，應向國務院交通主管部門備案。相關備案辦理程序見附件。七、中資航運公司不得經營自境經備案開展試點捎帶業務的船舶轉租他人。除依照本公告，其他任何非五星旗紅旗船舶，經國內另一港承運在國內一港裝船、不得承運在國內一港卸船、經國內另一港承運、或者經國內另一港經國內一港卸船的外貿集裝箱貨物。	第六條、第七條

資料來源：作者整理。

開放也僅限於中資航運公司全資或者控股擁有的公司所擁有的非五星旗船舶。現階段社會各界對於中國政府是否應該進一步開放沿海運輸權還有相當大的爭議。一方觀點認為進一步開放沿海運輸權將對主要中國航運企業及香港港口產生巨大衝擊。另一方觀點則認為保持沿海運輸權使中國企業繼續壟斷沿海捎帶業務,將不利於付貨人的利益;同時外資航運企業無法進入沿海航運市場也不利上海、深圳等港口的國際中轉業務發展。以下兩節將分別介紹國際上對於開放沿海運輸權的做法,以及開放沿海運輸權對中國航運業及香港的影響。

五、各國對放寬沿海運輸權的態度

香港恒生大學的黃惠虹等在 2016 年發表了《放寬沿海運輸權管制及珠三角競爭對香港海運物流業的影響》研究報告,介紹各國對於放寬沿海運輸權的考量及對該國運輸經濟的影響。

圖 2.7　物流業相關利益者對放寬沿海運輸權的不同態度

資料來源:黃惠虹等,2016。

該報告指出，澳洲、菲律賓、美國及印度等國家的相關業者對放開沿海運輸權持積極態度，文中闡述：

在澳洲和菲律賓，付貨人使用國內船舶運輸的費用，比使用外籍船舶高 40% 以上 [2]……美國東海岸的石化企業〔認為〕……沿海運輸權管制推高海運成本，導致其在美國、加拿大和歐洲的燃油與石化業競爭中處於劣勢 [3]。……印度海運部認為放寬限制能改善國家經濟，增加中轉量。……澳洲的港口考慮放寬沿海運輸權管制作為促進經濟發展政策之一，縱使此舉可能導致澳洲的主要樞紐港出現失業率上升的風險。……馬士基船公司表示如果印尼的沿海運輸權有變動，它願意在當地投資 30 億美元。……澳洲航運公司也表示支持解除沿海運輸權管制。

同時該報告也列舉了另一部分業者對開放沿海運輸權所持的反對態度：

澳洲《沿海貿易法案》調整沿海運輸權規定，允許本國船舶和外籍船舶從事旅客和貨物運輸，……澳洲港口業界指出，貿易放寬管制可能導致 1,089 名澳洲海員失業，佔現有海員數量的 93%[4]；……飛達海運集團（CMA CGM Group）下屬的澳洲國家海運

---

2 "Relaxing the Cabotage Restrictions in Maritime Transport", Llanto and Navarro.

3 "Jones Act: Anew fight and a new argument", *Hawaii Free Press*, September, 2016.

4 Grey E., "Australia's great loss: The end of maritime cabotage?", ship-technology.com, January, 2016.

（ANL）強調，當地航運公司及其運營商，鐵路和公路運輸的員工都將受到影響。物流樞紐配套的物流和倉儲業務也會因此受到不利影響。印尼允許外籍船舶從事沿海運輸，便導致其本國航運業近乎崩潰；於 2008 年開始實施沿海運輸管制，至今年才成功使得該國航運業再次復甦 [5]。

由此看來，開放沿海運輸權對各國來說都是一把雙刃劍，一方面開放沿海運輸權有利付貨人（貨主）、本地港口及促進地方經濟發展；另一方面則對本國航運公司、船員及現有中轉港引入競爭者，影響本國航運業的利益。

現行的沿海運輸權排斥外資航運企業進入中國沿海航運市場（尤其是沿海捎帶業務），保護中資航運企業利益。但同時也造成了中資航運企業在沿海捎帶業務市場上的壟斷。通常來說，壟斷不可避免地會使得一個市場缺乏競爭，寡頭傾向定價高於市場正常價格，這將損害消費者利益；長期而言，將會使得該市場缺乏創新、效率下降。雖然現階段沒有相關研究具體計算開放沿海運輸權為中國付貨人（貨主）帶來的利益，但是鑒於澳洲和菲律賓的情況，開放沿海運輸權將極可能減少付貨人（貨主）的運輸成本。

同時，現行的沿海運輸權規定使得外資航運企業（即國際承運人）不能在不同的班輪公司之間，和不同的服務航線之間進行中轉，因此外資航運企業只能在香港港、釜山港、新加坡港及高雄港等港口進行貨物中轉。對於航運企業（即承運人）來說，放寬沿海運輸權會讓他們擁有更多選擇。比如說，他們在選擇航線時可以選一條比在香港、

5　"Utilisation heads south but Indonesia offers glimmer of hope", *Offshore Support Journal.*

韓國或者新加坡中轉更短的航線，以節省燃油成本；同時，也可以使得承運人改善運輸網絡，提高資產利用率。馬士基航運在 2014 年發表《馬士基集團在中國影響力報告》，當中顯示就港口總輸送量而言，從 2009 年到 2011 年，馬士基航運每年在 6 個中國港口裝卸的貨物約為 600 萬標準箱，其中大部分是在上海進行。馬士基在上海港的年輸送量為 270 萬標準箱，佔上海年總輸送量（3,200 萬標準箱）的 8.4%。可以說，馬士基和上海港聯繫非常緊密。同時，馬士基在 2012 年裝卸的貨櫃運輸貨物佔中國所有貨櫃運輸貨物的 13.3%，在中國港口的靠泊次數佔中國港口所有靠泊次數的 16.2%，運輸了亞洲與其主要交易夥伴之間的貨櫃運輸貨物的 14.5%。由於馬士基無法在中國進行沿海捎帶業務，每次中轉貨櫃必須到中國境外的港口進行，在這樣的情況下，馬士基因此迫切希望中國開放沿海運輸權，以改善其亞洲地區的航運網絡。

另一方面，上海洋山港具備國際中轉港的地理條件，同時也具備開展中轉業務的規模。目前，許多重要的貿易航線已經選擇掛靠洋山港區，同時選擇香港、釜山或者高雄進行中轉。如果沿海運輸權的相關法規放寬，託運人就會更傾向選擇掛靠洋山港區進行中轉。這對上海洋山港打造成國際航運中心極為重要。

開放沿海運輸權將會對香港港口和中國內地沿海航運企業造成極大衝擊。在現行的「一國兩制」政策下，香港港被劃為中國境外港口，因此中國沿海運輸權並不適用於香港港。貨櫃在中國內地港口裝上外資航運公司的外籍船舶後，可以經過香港港中轉，再運往另一個中國內地港口。隨着深圳港和廣州港崛起，經香港港的直接裝運貨櫃逐漸轉移到深圳港和廣州港。在這樣的環境下，香港港口處理的主要貨櫃類別由直接裝運貨櫃逐漸轉為中轉貨櫃。從 2011 年開始，香港處理的貨櫃中約 70% 為中轉貨櫃（圖 2.5）。可以說，在過去十年間，香港港

並沒有因為深圳港和廣州港的迅速發展而衰落，仍然保持世界前十大貨櫃港的位置，其中一個主要原因是中國的沿海運輸權政策。根據圖2.6 顯示，目前香港約 13% 的中轉貨櫃是來自/ 發往中國內地（除珠三角地區），假設中國內地放開沿海運輪權，香港港口的中轉貨櫃量在最壞的情況下將減少 13%，這對香港港口將會造成極大衝擊。

假設開放了沿海運輸權，馬士基等國際外資航運企業將大舉進入中國沿海捎帶業務市場，這將會嚴重打擊中國本土航運企業。從其他國家的經驗來看，這將會打垮部分中小型中國航運企業，並極有可能增加失業率。

六、港口遷移：強化香港作為區域中轉樞紐地位的做法

既然香港已經與區域內其他港口有了明顯分工，確立了中轉樞紐的地位，它需要做和可能做到的，並非重拾昔日風采，強化陸路運輸，而是考慮如何做得更專業，更有效；同時，為城市其他發展帶來正面影響，比如減少污染、讓出昂貴市區土地。

目前，葵青碼頭區佔地約 300 公頃。這裏距離九龍市中心僅 6 公里，周邊居住與商業用地價格已經非常高，與 1972 年在這個「遠郊區」建設碼頭的年代不可同日而語。如同當年從維多利亞港遷到葵涌，港口也許需要進一步遷離市區。但是，如果今天考慮新的、更便宜並適合建設新港區的地點，面對以下幾個難點：第一，尋找具有深水岸線但又不帶來新環境保護問題的地點；第二，需要有比較好與腹地陸路或者水路的連接，這不僅方便貨運，也方便員工通勤；第三，尋找對香港港口未來發展有信心的投資者。我在 2017 年初嘗試解決前兩個問題，在考察香港特區範圍內甚至周邊的桂山島（隸屬珠海市）之後，確認最好的地點為屯門西側的龍鼓灘（圖 2.8）。龍鼓灘外側具有非常良

圖 2.8 　屯門龍鼓灘港區位置與設計圖

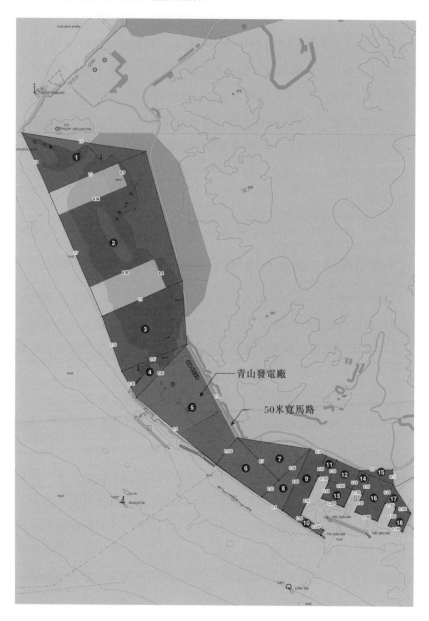

青山發電廠

50米寬馬路

好的深水航道，而自身又有很好的填海造地條件。根據我的測算，如果可以將龍鼓灘與附近的內河碼頭（River Trade Terminal, RTT）連在一起發展成一個港區，其陸域面積（表 2.3）可高達 449–514 公頃，是目前葵青港區的 1.2–1.6 倍，將大大有利中轉箱存放時間長、佔地面積大的需求。而最主要的考慮是大多數船隻不需再進入香港市區水域，大大減少船隻為香港帶來的空氣污染。

表 2.3　在屯門龍鼓灘建設新貨櫃碼頭區的關鍵指標測算

不設挖入式港池			建設兩個挖入式港池		
陸域面積（公頃）	岸線長度（米）	預計泊位數量	陸域面積（公頃）	岸線長度（米）	預計泊位個數
514	8,299	23	449	11,979	34

資料來源：由作者設計與計算。

然而，無論是否認同這個選址，還是要回答第三個問題，即尋找對香港港口未來發展有信心的投資者，因為很難相信目前香港的碼頭經營商（比如和記黃埔），在看到港口發展已經擴散到附近城市後，仍願意投入大量新資金在香港建設碼頭，畢竟這裏的建設成本比廣州南沙等地高很多。不過，不能排除一種可能性，就是來自香港以外的資本，比如中國港航業的大型企業，對這個設想有興趣。

七、本章小結

香港港口未來發展主要面臨三個挑戰：（一）珠三角地區其他門戶港口的挑戰；（二）中國大陸開放沿海運輸權的挑戰；（三）其他南亞及東南亞港口的挑戰。

過去 20 多年間，深圳港與廣州港逐漸超越並取代珠三角香港門戶港口的地位。就香港處理珠三角地區的貨櫃量而言，不僅貿易貨櫃量減少，而且來往珠三角的轉運貨櫃，在香港整體轉運貨櫃量中的比例也逐漸下降。香港來往珠三角的轉運貨櫃通常以西江作為內河運輸通道。近十年來，廣州南沙港迅速發展，其低廉的成本和完善的基礎設施吸引越來越多這部分的轉運貨櫃。基於廣州南沙港現有或正在商議中的規劃，廣州南沙港未來將有更廣泛完善的公路和鐵路網絡支撐。那麼，對於珠三角地區的貨主，從價格和運輸時間上來說，使用陸運將貨物運至廣州南沙港然後直接出口（進口亦然），將是更好的選擇。因此，可以預期珠三角地區有更多使用內河轉運香港港口的貨櫃，將會放棄使用香港港口轉而使用南沙港。

現行的沿海運輸權對中國整體航運及港口業可謂有利有弊。一方面，若繼續實施現行的沿海運輸權，香港港口將繼續擁有因沿海運輸權而經香港轉運的貨櫃，保證香港港口未來一部分貨源；同時又可以保護中國內地航運企業，尤其是以沿海捎帶業務為主的內地航運企業。然而，另一方面，中國大陸若進一步開放沿海運輸權，香港將流失大部分來往中國內地（除珠三角地區外）的轉運貨櫃。大部分外資航運企業（如馬士基等）將選擇中國內地其他港口（如上海港等）。由過去的統計數據來看，假設最壞的情況下，開放沿海運輸權帶來的損失，將佔香港總轉運貨櫃輸送量的 13%。同時，若開放沿海運輸權，外資航運企業將進入中國沿海捎帶業務市場，從而帶來更多競爭，這將衝擊中國內地航運企業。但是中國付貨人（貨主）卻很可能受惠於市場競爭帶來的低價運輸服務。

在過去十年間，全球製造業格局逐漸改變，「中國工廠」逐漸轉變為「亞洲工廠」；高密度勞動力、低附加值的製造業，尤其是零部件製造部分，逐漸從中國沿海地區轉移到中國內地或亞洲其他地區（尤其是

東南亞地區）。從數據看到，香港來往亞洲其他地區的轉運貨櫃比例逐漸上升，使得香港逐漸成為「亞洲工廠」的運輸樞紐。這一方面是因為香港地處東盟、中國與日韓中心位置；另一方面是因為東南亞國家的製造業規模還相對小，這些國家的航運還未達到需使用超大型船舶的規模，因此航運企業仍使用香港作為各個國家的樞紐港。但是必須認識到，東南亞國家（如越南、印尼等）的製造業將繼續發展，當這些國家的製造業到達一定規模時，大型船舶將成為當地航運業的趨勢，貨櫃可從這些國家的門戶港口直接運輸至亞洲其他國家或其他大洲，無須經香港中轉。因此，香港港口很難依賴其「亞洲樞紐」的角色持續發展。

綜合上述幾點分析，未來香港港口輸送量很難再有大幅度提升，葵青地區現有的一至九號碼頭的總通過能力（handling capacity）已可滿足香港直接裝運貨櫃和轉運貨櫃的需求。而珠三角地區的港口吞吐量增長，也不再是香港港口增長的保證。香港作為中轉樞紐，航運公司確實為它帶來了大量來自中國大陸和亞洲的航線與連接，這本應成為香港可以利用的運輸網絡資源，但是由於香港本身已沒甚麼產品需要海運，進行與所連接城市和國家之貿易，這種「連接度」資源也不再能夠為香港帶來多少好處。因此，除了可以繼續維持幾萬人就業和領航等有限的收費項目外，大量不開箱的水水中轉，主要受惠者是班輪公司。由於這種中轉也越來越多不涉及珠三角地區，香港的物流公司從這類供應鏈中獲取的收益也很小，因此除了碼頭公司外，香港港口業務對於經濟的貢獻越來越小。

從珠三角整體角度觀察，香港貨櫃運輸行業過去 20 年經歷的轉變，已經在深圳出現了。深圳已決定改變其同時在西部大鏟灣和東部鹽田港區擴張的計劃。然而與此同時，廣州南沙港還在市政府推動以及「自由貿易區」新政策的刺激下迅速擴張。如果考慮到廣州南沙港附

近有大量低廉土地和連接珠三角西部地區的公路和內河航運網絡，加上政府補貼深水航道挖掘和維護費用的做法，能吸引世界主要航運公司和物流配送企業採用南沙作為區域樞紐實在順理成章。我們也許天真地以為，這種補貼是違反市場經濟的行為，但事實上類似補貼同樣在歐美和其他歐洲港口城市出現。香港無法指望內地港口城市不照樣做。可以說，在珠三角港口整體供過於求以及產業轉移和升級的背景下，港、深、穗（南沙港區）出現這種航線與運量的梯次轉移是勢在必然的。維持香港中轉樞紐地位只有三個理由：第一，香港是本地區距離遠洋航道最近的港口；第二，香港碼頭經營者對船公司中轉需求提供的服務質量最高，從某種程度上抵銷了成本上升的壓力；第三，中國沿海運輸權法律不變，使得附近港口無法從事同類經營。當然，除了這三點外，香港以及整個粵港澳大灣區港口發展，還有一個因素足以決定一切，那就是對外貿易。有理由相信，這個超過 6,500 萬人口的區域會繼續保持甚至強化它的對外貿易，不過，同時也應該明白，這種貿易本身是處於變化與升級的過程中。貿易多元化使得港口和機場都變得重要，但貿易升級則僅使得機場（而不是港口）對香港的重要性更加突顯。港口的中轉業務則只是香港在中國與世界之間的實物貿易物流中，繼續扮演的一個特定角色罷了。

參考文獻

王緝憲（2010），《中國港口城市的互動與發展》，東南大學出版社。

黃惠虹、黃彥璋、王越、巫耀榮、梁志堅（2016），《放寬沿海運輸權管制及珠三角競爭對香港海運物流業的影響》，香港恒生大學研究報告。

第三章

1997 年後香港的航空
運輸與國際機場的發展

本章摘要

　　作為香港與世界連接的最重要門户，香港國際機場已經成為香港在日益全球化世界生存下去的命脈。本章的重點在介紹和揭示這個重要交通樞紐的地位、作用、與香港城市發展並行過程中遇到的各種問題，以及在可持續發展的社會訴求聲中，如何繼續克服巨大投資成本、敏感環境壓力、越來越嚴峻的空域限制和臨近機場競爭帶來的各種問題；也會比較詳細地討論樞紐機場作為市場的運作，機場在規劃和發展第三跑道和空港城的機遇，以及對大嶼山發展的可能影響。

一、二十歲的赤鱲角國際機場何去何從？

從 1998 年 7 月 1 日至今，運營超過 20 年的赤鱲角機場已經開始步入成年，無論設備、管理還是運營方式、客貨量和航運網絡的成長，香港國際機場也可以自豪地說已達世界級了。2017 年，香港國際機場總客運量達 7,266 萬人次，總航空貨運量共 505 萬公噸。機場連接全球 220 個以上的航點，包括超過 50 個內地城市。有超過 100 家航空公司在機場營運，每天提供約 1,100 班航班。從客運量上，香港排到第八名，貨運量為全球第一（上述數據來自 Airports Council International）。而著名以消費者服務質量為評選標準的 Skytrax 世界最佳機場排名，香港赤鱲角國際機場也連續三年保持在世界第五（2015 年、2016 年、2017 年），2018 年更升到第四。

這些數據顯示了機場本身的成功。以下嘗試分析機場對香港經濟的貢獻。從香港機場的旅客年吞吐量、貨運重量看這兩者與香港的國內生產總值（GDP）對應（見圖 3.1、圖 3.2），發現 1997 年以來的 20

圖 3.1　香港國際機場旅客人次與香港國內生產總值的關係（1998 年至 2006 年）

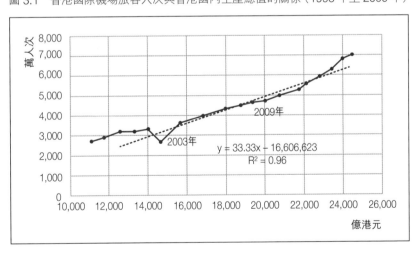

資料來源：香港機管局、香港政府統計處。

圖 3.2　香港國內機場貨運與香港國內生產總值的關係（1998 年至 2006 年）

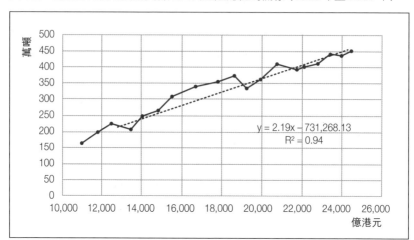

$$y = 2.19x - 731,268.13$$
$$R^2 = 0.94$$

資料來源：香港機管局、香港政府統計處。

年，兩者與 GDP 的關係雖然略有不同，但總體上基本一致，即香港空
運與總體經濟的正比關係非常密切（相關係數高達 0.94–0.97，接近完
全正相關的 1）。客貨運量略有不同，僅僅發生在 SARS（沙士）爆發
的 2003 年和全球金融風暴後的 2008 年至 2009 年。前者導致當年乘坐
飛機旅客大減，後者則導致全球貿易整體下滑，客貨運均無法倖免。
但 2009 年香港貨物空運以 22% 的速度彈升，一下子返回原來的成長曲
線，並沿着比往常更快的步伐上升，讓人始料不及。當香港機管局重
新提起建設第三跑道的長遠發展規劃時，發現 2008–2009 年間沒有堅
持之前的擴充步伐是犯了錯誤，導致第三跑道的建設趕不上需求增長。

　　香港機場的需求與珠三角發展也密不可分，因此必須考慮區域空運
需求的增長。特別是除了 SARS 期間造成的低估外，還可能對整個珠
三角發展的勢頭估計不足。例如，根據作為第三跑道依據、由香港機
場管理局在 2010 年編製之《香港國際機場 2030 規劃大綱》（以下簡稱
《規劃大綱》），在 2015 年，香港以外的珠三角客運量預測值為 74,500

萬人次。但實際上，僅深圳和廣州兩大機場在 2015 年的客運吞吐量就達到 94,930 萬人次，加上珠海機場增幅驚人（達到 470 萬人次），三個機場合計為珠三角（不計港澳）預測數字的 128%，即低估了近三成增長。

二、空運成為香港經濟命脈

那麼，究竟甚麼因素導致金融危機爆發過後，香港航空運輸業迅速回暖並且持續以一個比 GDP 增速更快的步伐成長？以香港機場的角色，可以把這個成長背後的動力分為兩個來源：一是香港本地因素，一是樞紐功能因素。

香港人口 740 萬，雖然與中國大都市比較並不算大，但比較歐美地區，香港絕對是一個世界級大城市。更重要的是，香港是一個高收入但陸路僅與中國內地連接的「邊緣」城市。按照經濟規律，收入高的人羣航空出行頻率就會高。按照 2017 年 Mastercard 公司相關研究（見表 3.1），香港每個家庭平均每年進行國際旅行兩次（不包括到中國內地或澳門特區）。由於這些國際旅行基本上都會通過香港機場，因此大概可以用這個報告的數字，即 2016 年香港人有 500 萬次通過機場的出境旅行。與此相反，香港每個家庭平均每年航空出行兩次，雖然不算低，但還有很大的潛力。不過，平均數有很大的欺騙性，根據 Mastercard 公司的分析，香港年均收入在 10 萬美元以上的家庭佔香港家庭總數的 21%（2016 年數字），但他們的航空出行（表中 OB=outbound）比例則佔香港所有家庭的 29%。而年收入在 5 萬美元以下的家庭雖佔香港家庭總數的 44%，但他們的航空出行僅佔 33%。隨着整體收入水平上升，更多家庭進入較高收入水平，香港人航空出行的總量仍會繼續上升，而更高的比例將來自富裕家庭。

表 3.1　按照香港家庭（HH）的收入組別對應的航空外出（OB）旅行所佔比例的關係

HH Income Range Kong Kong	<US$50k			US$50k-100k			>US$100k		
	OB trips as % of total trips = A	HH in range as % of total HHs = B	Ratio of A/B	OB trips as % of total trips = A	HH in range as % of total HHs = B	Ratio of A/B	OB trips as % of total trips = A	HH in range as % of total HHs = B	Ratio of A/B
2016	32.6%	43.7%	0.7	38.8%	34.8%	1.1	28.6%	21.5%	1.3
2021	28.7%	39.0%	0.7	36.7%	34.1%	1.1	34.6%	26.9%	1.3

資料來源："Mastercard Future of Outbound Travel in Asia Pacific (2016 to 2021)", report by Desmond Choong and Dr. Yuwa Hedrick Wong, 2017.

2016 年，香港機場的旅客吞吐量是 7,010 萬人次，根據旅遊行業統計，該年從機場入境的旅客共有 4,864 萬人次，當中 1,129 萬人次是香港居民，也就是說，大約有 3,735 萬經機場入境香港的人（單程）是外來旅客（資料來源：《2016 年香港旅遊業統計》；這個統計非常重要，因有各航空公司每週航班座位數量）。也即是說，平均每天超過 10 萬人從空中到訪香港，這是一個非常了不起的數字。它說明了機場是支撐香港旅遊、零售、餐飲、會展、金融、生產者服務、貿易等行業的重要基礎設施。

從空運的貨物統計來看，最值得關注的是空運與其他運輸的關係。香港是一個幾乎沒有製造業的城市，經濟活動中除了服務業和金融業外，物流業是支柱產業之一，依賴轉口貿易。因此，香港海、陸、空三個運輸方式如何處理轉口貿易，直接反映每個運輸方式在城市整體經濟中的貢獻。如圖 3.3 所示，1997 年以來香港的水運，包括海運和到珠三角地區的河運，從 1997 年佔轉口貿易額的 64%，下降到 2016 年的 19%。相反，空運和陸運分別從 16% 和 20%，上升到 38% 和

圖 3.3　香港按運輸方式轉口貨值比重（1997 年至 2016 年）

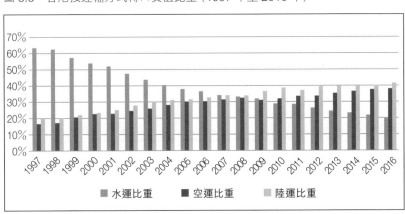

資料來源：香港政府統計處。

42%。而空運與陸運的平行上升,其關聯性非常高,並反映一個事實:香港過去 20 年的轉口貿易,如果以貨值計算,主要靠陸空聯運完成,而不再主要依賴水陸聯運,雖然水陸聯運從重量而言仍然遠遠大於空陸聯運。(關於港口角色,參見第二章。)

轉口貿易是物流業的服務對象,而外來旅客是旅遊業和香港眾多服務業的服務對象。這正是為甚麼我說機場是香港經濟的命脈,它確保了這些服務對象在香港出現、消費和獲得服務的核心硬件。

香港機場成長的第二個影響因素是樞紐功能。從客源方面,看到 2016 年的機場客運吞吐量中,除了近 5,000 萬出入境香港的旅客,還有大約 2,000 萬或者三成中轉旅客。這充分體現了香港機場的區域樞紐功能。在各種運輸系統中,航空公司最早使用軸輻式(hub and spoke)網絡結構進行運輸。所謂「軸輻式」(見圖 3.4),是指航線以樞紐為軸心展開,這樣雖然航線不多,但乘客或者貨物經過樞紐機場的中轉連接後,連接的城市點可以成倍增加。這對於航空公司以低成本覆蓋大量城市非常有利,特別是連接附近地區採用中小型飛機,連接長距離航線採用大飛機到遠端的另一個樞紐機場,再連接中短途的各個城市,

圖 3.4 軸輻式航空網絡結構示意圖

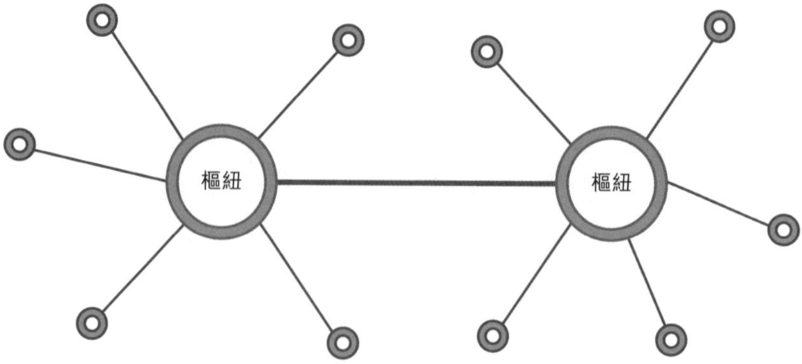

形成了一面收集，一面擴散，中途大運量集中運輸的做法。這也是當代主流大型航空公司的典型做法。一旦一個機場成為這種樞紐，它就會在中距離上連接大量城市，而在長距離（比如洲際航線）上連接各個大洲或者主要國家的樞紐機場。統計中三成的中轉比重，說明香港已經成了本地區非常重要的樞紐機場。

那麼，如何理解機場的樞紐功能對香港的意義與影響？只要分析香港機場究竟有哪些航空公司在提供服務，它們又是如何連接各個城市、國家和地區，就可以明白。首先，我們注意到有大約六成航線能力（即航班可出售的座位數量）由香港本地四家公司（國泰、國泰港龍、香港航空、香港快運）提供。這反映兩個特徵：第一，本地航空公司強勢和多元化，有高端傳統航空公司，也有廉價航空；第二，反映國際航空協議的作用。航空協議通常是對等的，即兩個國家之間一旦達成協議，便會允許雙方航空公司互相飛往對方城市，雖然城市數量和航點不一定相同。因此，可以假設凡是有飛往香港的航空公司的國家，香港的航空公司都可能有航班前往，但不一定是同一個或者同一組城市。通過這個假設，可看看除了香港的航空公司，究竟有哪些航空公司飛往香港，而它們的航線能力又如何分佈。

圖 3.5 顯示，這些非本地航空公司的航線能力，有六成來自中國大陸以外的亞洲國家與地區，加上中國大陸的 15%，就是說，75% 或者四分之三的座位數是覆蓋飛行距離五小時內的市場。剩下的四分之一能力是全球遠距離市場連接，主要是到歐洲（7%）、北美（6%）和中東（6%）這三個地區的樞紐機場或者核心城市。客觀上，很難說這種航線能力的分佈是好是壞，因為它反映的就是市場需求。而市場需求反映的，是香港作為世界城市本身的重要性，和作為亞洲（包括中國大陸）與世界其他地區聯繫的樞紐這兩個身份的疊加。目前很難找到其他城市，特別是亞洲的城市比如北京、上海、廣州、新加坡、東京的相應

圖 3.5　非本地航空公司香港航線的載客能力比重

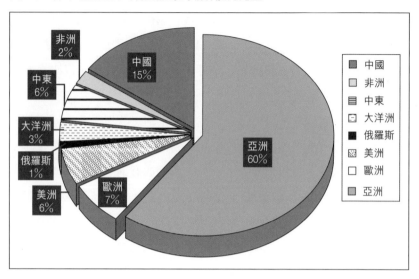

數據作比較，但如果單純從線路多元化以及亞洲航線比重達六成這兩項來看，香港應該與新加坡比較類似，而與廣州則差別很大。究其原因，還是由香港城市的性質來決定：即使是百多年後的今天，經過了30 年的工業化和製造業發展後，香港回歸到區域性流通（包含了金融流、信息流、人員流和物流）的樞紐。現代航空公司的航線組織，比過去更容易形成對香港有利的網絡，因為很多航線不再是以單一航空公司的網絡組織。大多數航空公司都加盟了三大航空公司聯盟之一，使得越來越多航線和換乘，都是以聯盟網絡去實現。

　　以下以國泰航空公司為例。國泰是全球第三大航空聯盟寰宇一家（Oneworld）的成員。寰宇一家於 1999 年成立，現有 14 家成員航空公司，包括柏林航空、美國航空、英國航空、馬來西亞航空、澳洲航空、芬蘭航空、日本航空、國泰航空、西班牙國家航空、巴西 LATAM 航空、卡塔爾航空、皇家約旦航空、S7 航空、斯里蘭卡航空，以及 24 家聯

屬成員航空公司。寰宇一家現通達 155 國家共 1,016 個航點，每年接載超過 5 億名乘客。現時，與國泰有代碼共享的航空公司還不止這 14 家。其實「代碼共享」是航空公司之間最普遍的合作方式之一。我們平時乘飛機時常常碰到同一架飛機，有兩個甚至三、四個不同公司的航班號，就是代碼共享的結果。它意味着兩家或者更多航空公司為了節省成本和減少不必要競爭，由提供航機的航空公司向其他夥伴航空公司批發座位，聯手提供同一條航線服務。這樣做主要有兩個意義：一是消費者可以從更多渠道或者更多國家，用不同價錢購買同一條航線的機票，實現每班飛機承載率極大化；二是代碼方式可以繞過某些國際航空協議，讓一些乘客在沒有直飛航權協議的國家之間完成一票旅行。由於代碼共享方式需要航空公司之間建立信任，因此擁有代碼共享多的公司，通常是市場中的佼佼者。而代碼共享市場的擴大，又進一步強化該航空公司的市場地位。表 3.2 列出與國泰航空有代碼共享協議的航空公司，以及它們全世界的航點。

表 3.2　寰宇一家的成員航空公司（2018 年）

加拿大航空	代碼共享協議包括加拿大航空往返溫哥華與卡爾加里、埃德蒙頓、基洛納、蒙特利爾、多倫多、維多利亞及溫尼伯的航班，及往返多倫多與哈利法克斯、蒙特利爾、渥太華、魁北克、里賈納、薩斯卡通、聖約翰斯、溫哥華及溫尼伯的航班，以及國泰航空往來香港與曼谷、宿霧、馬尼拉及胡志明市的航班。 代碼共享服務亦涵蓋國泰港龍航空往返香港與清邁、河內、吉隆坡及布吉的航班。
中國國際航空	代碼共享協議包括中國國際航空來往北京、佳木斯和齊齊哈爾的航班。 代碼共享服務涵蓋國泰港龍航空營銷碼下的中國國際航空往來香港與大連及天津的航班；以及國泰港龍航空往來香港與杭州及武漢的航班。

（續前表）

阿拉斯加航空	代碼共享協議包括阿拉斯加航空由西雅圖／波特蘭出發，來往洛杉磯、三藩市及溫哥華的航班，以及來往洛杉磯至瓜達拉哈拉的航班。
美國航空	代碼共享協議包括美國航空來往波士頓、達拉斯、丹佛、休士頓（喬治布殊及哈比）、拉斯維加斯、邁阿密、新奧爾良、奧蘭多、羅利達勒姆、聖地牙哥、聖路易、華盛頓／巴爾的摩（杜勒斯、朗奴列根華盛頓國際機場及巴爾的摩華盛頓國際機場）、亞特蘭大、夏洛特、克利夫蘭、哥倫布丹佛、底特律、堪薩斯城、明尼阿波利斯—聖保羅、費城、匹茲堡、鳳凰城、鹽湖城，以及來往紐約至聖保羅、里約熱內盧，加上來往香港與達拉斯沃斯堡的航班。此外，協議亦包括國泰航空來往香港與波士頓、曼谷、峇里、耶加達、洛杉磯、紐約、三藩市、新加坡、東京成田、芝加哥、胡志明市、真奈、孟買與德里的航班。
奧地利航空	代碼共享協議包括奧地利航空往返維也納與杜塞爾多夫、法蘭克福及蘇黎世的航班，以及國泰航空往來香港與奧克蘭、開恩茲、墨爾本及悉尼的航班。
曼谷航空	代碼共享協議包括曼谷航空來往香港至蘇梅、曼谷及甲米、清邁，以及國泰航空往來香港至曼谷的航班。
英國航空	代碼共享協議包括英國航空來往倫敦與柏林、哥本哈根、杜塞爾多夫、漢堡、里斯本、里昂、曼徹斯特、慕尼黑、紐卡素、尼斯、布拉格、斯德哥爾摩、斯圖加特及蘇黎世的航班，以及國泰航空來往香港與阿德萊德、奧克蘭，布里斯班、開思茲，峇里、胡志明市、耶加達、墨爾本、珀斯、首爾、悉尼及泗水的航班。
喀麥隆航空	代碼共享協議包括喀麥隆航空來往約翰內斯堡與開普敦、德本及依麗莎白港的航班。
國泰港龍航空	代碼共享協議包括國泰港龍航空來往香港至班加羅爾、釜山、長沙、克拉克、達卡、耶加達、福岡、福州、廣州、杭州、河內、加德滿都、沖繩、亞庇、昆明、南京、寧波、布吉、檳城、青島、三亞、武漢、廈門、桂林、濟州、東京羽田、台中、高雄、鄭州、清邁、海口、加爾各答、溫州、西安及峴港的航班；國泰航空來往香港至馬累、科倫坡、馬尼拉及宿霧的航班，上海及臺北的航班；以及國泰航空與國泰港龍航空來往香港至上海、北京及臺北的航班。

菲濟航空	代碼共享協議包括菲濟航空來往香港與納迪的航班。
芬蘭航空	代碼共享協議包括芬蘭航空來往赫爾辛基與阿姆斯特丹、法蘭克福、倫敦、米蘭、巴黎及羅馬，以及國泰航空來往香港與阿德萊德、奧克蘭、曼谷、布里斯班、開恩茲、胡志明市、墨爾本、珀斯、新加坡及悉尼的航班。
弗萊比航空	代碼共享協議包括弗萊比航空往來曼徹斯特與鴨巴甸、貝爾法斯特、愛丁堡、艾克斯特和南安普敦的指定航班；往來阿姆斯特丹與伯明翰及南安普敦；以及往來巴黎與伯明翰、曼徹斯特及艾克斯特；往來倫敦與愛丁堡及鴨巴甸的指定航班。
西班牙國家航空	代碼共享協議包括西班牙國家航空往來馬德里與阿利坎特、巴塞羅那、畢爾包、里斯本、馬略卡島及華倫西亞的航班。
日本航空	代碼共享協議包括日本航空由東京羽田機場往返旭川、青森、廣島、函館、檀香山、鹿兒島、帶廣、沖繩及札幌的國內航班；由東京成田機場往返檀香山及札幌的航班；由大阪往返檀香山和札幌的航班；往返名古屋及檀香山和札幌的航班；以及由東京成田及羽田機場往返香港的國際航班。 代碼共享協議同時包括國泰航空來往香港至布里斯班、欽奈、德里、登巴薩、福岡、胡志明市、約翰內斯堡、馬累、孟買、名古屋、大阪、珀斯、札幌、泗水、東京成田、東京羽田和珀斯的航班。
智利航空	代碼共享協議包括智利航空來往聖地牙哥與奧克蘭、洛杉磯及紐約的航班；來往利馬與洛杉磯、三藩市、紐約；來往巴黎與聖保羅；來往紐約與聖保羅及里約熱內盧；來往倫敦與聖保羅，以及國泰航空來往香港與奧克蘭、三藩市、洛杉磯及紐約的航班。
德國漢莎航空	代碼共享協議包括德國漢莎航空往返法蘭克福與柏林、布魯塞爾、布達佩斯、德累斯頓、漢諾威、漢堡、慕尼黑、紐倫堡、奧斯陸及斯圖加特的航班，以及國泰航空往來香港與奧克蘭、開恩茲、墨爾本及悉尼的航班。
馬來西亞航空	代碼共享協議包括馬來西亞航空來往香港與吉隆坡的航班；以及國泰港龍航空來往香港至吉隆坡、檳城與亞庇的航班。

（續前表）

蒙古航空	代碼共享協議包括蒙古航空往來香港與烏蘭巴托的航班，以及國泰航空往來香港與新加坡、布里斯班、墨爾本、珀斯及悉尼的航班。
菲律賓航空	代碼共享協議包括國泰航空來往香港與宿霧的航班。
卡塔爾航空	代碼共享協議包括卡塔爾航空來往多哈及香港航班，以及國泰航空來往香港及奧克蘭、阿德萊德、開恩茲、墨爾本、悉尼、首爾、名古屋、大阪、東京的航班。
SNCF	聯營協議涵蓋 SNCF 由巴黎出發至波爾多、勒芒、里爾、里昂、馬賽、蒙彼利埃、南特、普瓦捷、聖彼埃爾及瓦倫斯的鐵路服務。
瑞士航空	代碼共享協議包括瑞士國際航空往返蘇黎世與柏林、布魯塞爾、漢堡、斯圖加特、威尼斯、佛羅倫斯及日內瓦的航班，以及國泰航空往來香港與奧克蘭、開恩茲、墨爾本及悉尼的航班。
西伯利亞航空	代號共用協議包括西伯利亞航空往來香港與符拉迪沃斯托克、哈巴羅夫斯克、伊爾庫茨克，以及國泰航空往來至曼谷、新加坡及胡志明市的航班。
深圳航空	代碼共享協議包括國泰港龍航空營銷碼下的深圳航空往來香港及晉江的航班。
越南航空	代碼共享協議包括越南航空來往香港至河內及胡志明市的航班，以及國泰航空往來香港至胡志明市的航班。
西捷航空	代碼共享協議包括西捷航空由溫哥華至卡爾加里，埃德蒙頓、基洛納、蒙特利爾、多倫多、溫尼伯的航班；來往返多倫多至哈利法克斯、蒙特利爾和渥太華的航班。

資料來源：《維基百科》。

國泰航空公司於 2007 年提出全面收購港龍航空，同年，國泰航空與中國國際航空也變成了相互持有對方股權的關係。2017 年，港龍航空更名為國泰港龍。考慮到香港四家本地航空公司中，國泰和國泰港龍實質上是同一家，而且兩家加起來佔了 48% 的市場航線能力，再加上代碼共享和它們與國航的控股關係，可以理解為香港航空市場實際上是由一家以香港本地為大本營的公司，與多家其他航空公司攜手，完成主要市場覆蓋的拼圖。而相對新興的市場，比如俄羅斯、非洲等則尚在開發中。

換一個角度來看，國泰—港龍一體化的過程，特別是在 1997 年以前，不乏英資、中資、港資在航空業內競爭，甚至可能有前港英政府參與其中。然而，比較有趣的是，由於市場定位差異越來越清晰，即港龍（已更名為國泰港龍）負責中國線，國泰主導長途市場，導致兩者的互補性遠大於競爭關係。因此，國泰在收購港龍後，放手讓港龍從專注中國市場到做大亞洲市場，最終形成一個相對完整而且比例恰當的市場覆蓋，不能不說是一種內部優化措施，雖然對其他航空公司而言成了一個壟斷威脅。

近 20 年來，除了國泰—港龍一方獨大，強化了自己的香港對外航空市場外，不得不提香港快運航空和香港航空這兩家企業的作用。香港快運航空（Hong Kong Express Airways Limited，簡稱 HK Express）是香港首家及現時唯一一家本土低成本航空公司（俗稱廉價航空或廉航），以香港國際機場作為樞紐，提供往來亞太地區主要城市的航空客運服務。香港快運航空前身是何鴻燊於 1990 年代投資，2004 年正式建立的港聯航空，以發展香港至中國大陸二級城市的航線為目標。2007年，海航集團與港聯航空達成協議，購入港聯航空 45% 股權；何鴻燊家族持有另外 55% 股份。2007 年 1 月，港聯航空正式改名為香港快運航空。2008 年 7 月，何鴻燊出售 15% 股份予鼎洋投資主席蒙建強，

但因其與海航集團關係密切，使海航成為實際大股東。2013 年 6 月，海航正式宣佈香港快運航空轉型為低成本航空，以迎合香港以及亞太市場對低票價旅行日益增長的需求。2016 年初，香港快運航空宣佈與海航集團旗下三家廉航組成「廉航聯盟」，新成立的聯盟名為「優行聯盟」。除香港快運航空外，首批成員包括西部航空、祥鵬航空與烏魯木齊航空。

香港航空（Hong Kong Airlines）是海航集團旗下另一家以香港為大本營的基地航空公司。它的定位比較有意思，既不是低成本航空公司，也不是傳統全服務航空，而是介於兩者之間，以較低的基本「正價」，在自己網站售票，並以經濟客艙為主，比較積極地開拓中短途的中國及亞洲新市場。

四家不同類型的本地航空公司佔了市場供應份額超過 60%，另外有約 80 家非本地航空公司，形成了接近 30% 的客運中轉市場，每天平均有超過 1,000 班次，連接超過 50 個中國城市和超過 150 個其他城市。可以說，香港機場的角色已遠遠超越香港自身的需求，成為一個相當成熟的區域航空樞紐。

三、香港機場的多尺度空間影響：從大嶼山到粵港澳大灣區

以上一節談的是赤鱲角機場在航空網絡中的地位，以及它成為香港經濟命脈的原因。這個機場位於一個行政特區或自轄城市內，而僅從城市這個地理尺度來解釋它從功能上帶來的影響並不足夠。它與所在地點和所服務腹地的範圍都有一種特殊關係。它的規劃、建設、投資和管理都是獨立和本地的，沒有也不需要國家、省或州政府的參與或者干預。香港人未必能體會到當中的特別之處，因為世界上很多城市的機場都是如此。不過，如果比較一下中國內地的一些機場，就會

發現並非每個機場與其所在城市的關係都這麼「純粹」。比如，廣州白雲機場和有香港機管局參與管理的杭州蕭山機場，就是由省政府管理的機場。由本地管理的機場，一個最大的優點就是在規劃建設以至運營期間，可以最大程度上考慮周邊地區的利益與可能的負面問題。

先談小尺度上的情況。由 1998 年赤鱲角機場投入運營以來近 20 年，機場所坐落的香港最大島嶼大嶼山，經歷了有史以來最大的變化。機場本身以及與其直接相關的交通運輸通道，包括機場鐵路和貫通九龍與機場的青馬大橋和青嶼公路，為開發大嶼山帶來了與市區的便捷交通和全球連接，這是前所未有的。在機場沒有建設之前，大嶼山對大多數香港人而言，是一個必須坐船才能到的「離島」。離島的特點就是只有設置了碼頭與九龍半島或者香港島市區連接的地方，才有一定數量的非原島居民居住，比如大嶼山的梅窩和愉景灣、南丫島的榕樹灣和索罟灣等。遊客也只有通過輪渡到達這些離島觀光和度假。因為機場的興建，青馬大橋連接了大嶼山和九龍及香港市區，徹底改變了這裏的進出方式。公路將北大嶼山變成了對外交通開放的地區，非本島註冊的私家車和出租車（包括的士和巴士）可以自由來往，為沿線幾個地點帶來了發展前景。首先要提的當然是東涌新市鎮。

東涌離赤鱲角機場僅三公里，將其規劃為機場配套發展的一部分，一方面可充分利用機場與市區相連的鐵路和公路，更重要是為在機場或航空公司工作的僱員，提供一個便利的居住地點。20 年來，依託原來的東涌舊村，在附近建成了多幢公屋，而私人樓宇也如雨後春筍。雖然在理論上，這種衛星城市應該與機場有不錯的配套效果，但事實並不那麼理想。根據 2015 年香港機場管理局的調查，在機場工作的僱員中只有 11%，即大約 6,000 人來自東涌及附近地區。而且，東涌自身的發展也比規劃中預期的慢。到 2016 年為止，東涌的居住人口為 10 萬左右，遠遠低於最終目標的 27 萬。

除了居住地點，機場的興建以及與城市核心區的陸路連接為大嶼山帶來的最大變化是拓展旅遊業。今天大嶼山有兩個過去沒有的景點：一是寶蓮寺大佛，一是迪士尼樂園。後者在規劃機場時並不包括在計劃中。當年東大嶼山的規劃是發展貨櫃碼頭區（十至十六號泊位）。該計劃被放棄後，政府才決定引進迪士尼樂園取而代之。雖然迪士尼樂園這個項目被不少人批評為被外資牽着鼻子走，加上政府投資的回報不理想，但迪士尼樂園的確令機場的生意增加了，因為中國內地和東南亞遊客可以直接飛到大嶼山去迪士尼樂園度假。同理，大嶼山西側的寶蓮寺大佛和極具特色的大澳漁村，也受惠於該島對內對外交通的改善措施。

發展比較理想的旅遊業，與發展相對比較緩慢的新市鎮，造就了一個比較意外的演變，就是每天人頭湧湧的東薈城。這個位於東涌商業中心、原本應該服務本地社區的商場，卻發展成一個以汽車為主的西方城市中比較流行的郊區名牌拍賣場（outlets，內地刻意以洋名翻譯成「奧特萊斯」）。不僅有從機場出入境的遊客在這裏光顧，更有從港深邊界的皇崗口岸直接搭乘免費大巴的內地遊客專程來這裏採購貨品。巴士公司還負責代購商城買不到的其他產品，比如奶粉，直接送到回程的巴士上。這種特殊的商業形態能在這個地點成型，某程度上反映純市場導向的選擇。

這也與該區另一個沒有好好發展的行業——機場側的會展中心——有關。亞洲世博會展中心位於機場鐵路終點站，其實不過是赤鱲角機場本來計劃在附近發展的相關設施和行業之一。「空港城」（airport city，也稱 aerotropolis）是過去 20 年在全世界流行的一個詞語。香港赤鱲角機場在規劃的時候，就設想以荷蘭阿姆斯特丹的史基福（Schiphol）國際機場為藍本，建立一個有龐大商業／產業綜合體的空港城（參見 Kasarda, 2017 年）。這個空港城理論上可以包括酒店、會展、物流、高

科技、居住、零售、航空設備維修、配餐中心等各種行業，並以與機場的關聯性為標準，根據不同要求於周邊地區發展，形成一個自成一體的「城市」，而機場本身就是「市中心」。然而，在 1998 年以來最初約 15 年裏，除了直接服務機場的物流業（比如香港航空貨運中心）和酒店業運營較出色以外，其他行業也沒有甚麼像樣的動靜。2010 年後，會展業開始有起色，但若從於機場附近實現綜合服務的空港城理念來看，目前與理想目標相差甚遠。

為甚麼這個世界級機場至今還沒有形成「空港城」？我認為主要有三個原因：第一，這個機場從一開始就已設計了與市中心非常方便的連接：25 分鐘到達中環的核心商業區（Central Business District, CBD），而且可以在市區辦理登機（check in）和託運行李。到達機場的人很快可以到市區，離開香港的旅客也可以不慌不忙留在市區直到起飛前兩個小時。這些便利措施雖大大方便了旅客，提高了機場到市區的可達性，卻不利於在機場附近形成商業聚集。第二，商業聚集是一個複雜的互動過程，特別是在香港的小政府兼成熟市場經濟環境中。城市進一步發展的活力在甚麼地方體現？在一個比較偏遠的新地段，如果沒有「看得見的手」來推一把，僅僅一個亞洲國際博覽館（Asian Expo）這樣的會展場所，無法構成商業匯聚的向心力。東涌的拍賣場從一定意義上體現了這種向心力，可惜它不是在機場附近出現。這其實也反映了空港城至今未見蹤影的第三個原因，就是機場管理局在這方面缺少作為。赤鱲角機場多次被評為世界管理最好的機場之一，並不是浪得虛名。而且，其優秀管理不僅限於對機場的航空相關業務，也包括機場內的非航空相關業務，比如商業空間租賃、海空碼頭經營等。但是，雖然政府批給機管局的地價極低，但後者一直沒有成為機場建築物以外地點之商業綜合發展推手。直到近年港珠澳大橋人工島開始建設、機場擁有使用權之外的臨近土地並開始考慮建設超級大商業中心時，

機場管理局才開始認真規劃和投資屬於自己範圍內的大型綜合購物商城（shopping mall），其後收入政府相關報告中（發展署、土木工程拓展署，2017 年）。俗語說：遲到總比不到好，有理由相信這方面的發展，會隨着港珠澳大橋通車而繼續變化。（見第七章的討論。）

反之，赤鱲角機場 20 多年來的發展，對大嶼山有哪些負面影響呢？最大的當然是對環境和生態的影響。這方面有三個考量，包括水體、空氣和噪音。噪音對大嶼山本身影響並不大，反而對青衣附近的居住區帶來一定影響。對水體的影響則主要來自填海以及相關工程施工的過程。這種影響是永久性的。其中，香港人最關心及爭論不休的是中華白海豚的棲息問題。那麼，究竟影響是怎樣的呢？香港大學的 Leszek Karczmarski 博士對此作出了追蹤分析。從他過去 20 多年的觀測比較可以發現，香港境內水域的中華白海豚似乎有減少現象，但更明顯的是牠們從大嶼山北部遷移到了大嶼山西南側（Karczmarski and Or, 2016）。機場西面屬珠海市水域，也是海豚出沒區，但由於沒有人對該地區進行持續觀察，無法判斷那邊的海豚數量是增是減。換言之，可以確定的只有一項，就是受到機場建設干擾，大嶼山北部水體中的白海豚幾乎絕跡，其中有相當一部分轉移到了其他地點棲息；而在珠江三角洲地區的白海豚總數有否減少，又減少了多少，就沒有數據支持。柯嘉敏（Or, 2017）的博士論文仔細研究了 2011 年至 2015 年的數據，研究發現香港和珠江口的白海豚分佈相對集中和固定在香港水域，並主要集中在大嶼山西南和龍鼓灘島。也就是說，香港機場的第三跑道對海豚棲息範圍的影響有限。另外，更有研究（Wong, 2017）指出，由於至今沒有關於大嶼山白海豚的羣族與中國沿海其他白海豚羣族的關係的研究，意味着我們並不清楚本地白海豚減少是否真的等於白海豚總量減少。所以，一方面要減少對白海豚自然棲息生態的影響，一方面卻要真正了解這種影響的範圍。

在空氣污染方面，情況也不完全清楚，但比水體污染影響的確定性高一些。不少報導指出，由於發展商在大嶼山北側海旁建起了所謂的「屏風樓」，造成機場起飛時產生的塵粒在山嶺與屏風樓之間的氣流中飄落及迴盪，東涌市區的污染因而較其他地點高。雖然並不應將「禍首」歸結於機場，卻也暴露了發展商為了出售「海景樓宇」而拒絕考慮對區域環境的影響，以及政府相關部門對此束手無策的窘態。香港中文大學建築系吳恩融教授及一些環保團體一直堅持要求政府規範地產商行為，但至今收效不彰。航空業對空氣質素影響的更深層考量是碳排放。根據香港野生動物保護組織（WWF-Hong Kong）2007 年的分析，香港碳排放中超過 55% 來自航空運輸。雖然這個數字並沒得到其他方面的證實，但無可否認航空業發展會帶來較高的碳排放量增長。國際航空運輸協會（International Air Transport Association, IATA）在世界範圍提出的減碳策略，包括：

- 訂定減排目標：於 2009 年至 2020 年，提高年平均燃油使用效率 1.5%；於 2020 年後，訂立最高二氧化碳排放量；再於 2050 年，減少相較 2005 年 50% 的二氧化碳淨排放量；

- 改善航空技術：提倡業界應用革新的技術，如選用能源效益較佳的飛機及引擎技術、改良現有航機設計，以減少消耗燃油，從而減低碳排放量。透過引入可持續生物燃料（Biofuels），減少 80% 的碳排放量。IATA 目標於 2017 年使用 10% 替代能源，以科技作為推動環保的元素；

- 優化運作程序：透過建設及採用更具效益的機場基礎設施，提升航空交通管理效率。另外，亦提倡以正面的經濟策略，吸引航空公司積極提高能源使用效益作減排誘因。（《資本企業家》，2011 年 9 月 10 日）

從香港自身出發，這個高度依賴航空對外連接的城市，能做的大概有兩點：一是希望香港人更多乘坐火車往返中國內地城市；二是機管局通過碳排放的管制或激勵機制，促使航空公司更多採用新的低碳排放飛機來往香港航線。

香港國際機場與周邊地區市場和周邊機場的關係，是另一個地理尺度上的影響。在粵港澳範圍內，目前有三個大型機場，包括：香港赤鱲角國際機場、廣州花都白雲國際機場和深圳國際機場。除此以外，還有四個達到每年 100 萬人次以上的中型機場，包括：珠海高欄機場、澳門國際機場、湛江機場和揭陽機場。一個超過 5,000 萬常住人口的灣區，僅擁有七個機場必定不足。所以，本世紀以來每個機場都獲得了長足成長，而沒有造成五大機場競爭的局面。在大家都有飯吃的時候，用不着談多少競爭，也沒有機場為了區域效率而主動與其他機場合作。這就是這十幾年來的情況。

圖 3.6　粵港澳大灣區三大機場 2001 年至 2016 年的成長

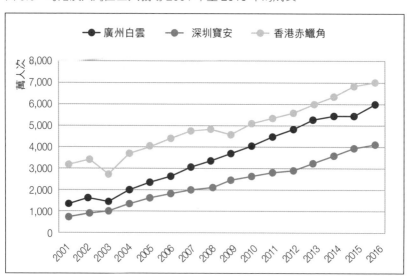

圖 3.7　粵港澳大灣區第二梯隊機場 2002 年至 2016 年的成長

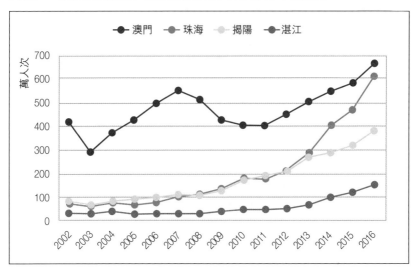

相比而言，廣州機場在三大機場中的增幅更大，而珠海機場在中型機場中的蛻變也十分驚人。旅遊業為珠海及澳門帶來的客流量巨大，2018 年的吞吐量達到 1,000 萬人次也絕不令人意外。如果從整個粵港澳範圍內香港機場的吞吐量份額來看，過去 15 年比重不斷下降是很正常的，因為廣東的經濟成長速度、城市化速度、人口增加速度都大大高於香港。

　　在以下的圓形圖中，香港的比例下降和深圳機場比例大幅上升加在一起，說明了港深地區的總量仍然很大。如果再考慮這兩個機場航線的市場分工非常不同，便可體會到香港仍然保持着國際門戶的重要地位。從香港特區政府入境事務處的統計，2010 年至 2016 年各運輸方式出入境的人數當中，從機場飛抵或飛離的人數上升 15 萬人次或者 46%，水路基本保持穩定，陸路絕對量上升最多，達到 39 萬人次，但按照比例，則比 2016 年上升了 21%，低於航空門戶的增長率。

圖 3.8　粵港澳大灣區各個機場的市場份額（2002 年）

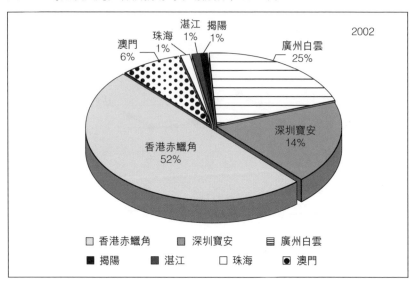

圖 3.9　粵港澳大灣區各個機場的市場份額（2016 年）

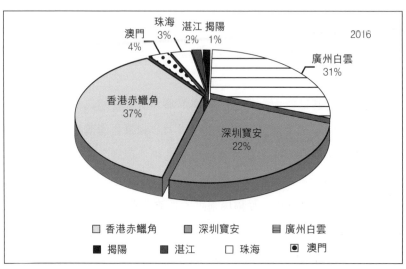

香港國際機場與周邊地區有一條特殊通道，即海天客運碼頭，它是由珠江船務企業（集團）有限公司及信德中旅國際物流投資有限公司組成的管理公司運營，設有四個泊位，另外設有預留位置供未來擴建至八個泊位。旅客乘坐渡輪抵達香港國際機場，進入海天客運碼頭轉機層辦理有關轉機手續及保安檢查之後，便能直接前往地鐵月台乘搭列車經二號客運大樓前往東大堂登機。截至 2017 年為止，有 59 家航空公司參與提供辦理登機手續服務，每天共有近 70 班次。在香港機場下飛機的旅客，可直接乘坐旅客鐵路系統前往海天客運碼頭登船，過程中毋須在香港國際機場辦理出入境手續，而行李也會直接託運至珠三角目的地碼頭。

2016 年，經海天碼頭進出境的旅客共 260 萬人次，約為機場客運吞吐量的 3%。雖然比較 2010 年的 224 萬有 16% 增長，但增速比香港機場吞吐量的增長慢。這從一個側面證明了香港機場的區域功能，隨着廣州等機場的國際直飛航線增加而略有減弱。同時，如果考慮到已通車的港珠澳大橋及未來從屯門到機場的海底隧道建成，這個碼頭的作用將進一步降低。

四、第三跑道的建設

雖然香港國際機場第三跑道於 2016 年 8 月 1 日剛剛開始動工，既不是過去 20 年的成就，也不是失敗，但它的確是香港過去幾年對外交通發展過程中一件頗具爭議的事，值得在此認真討論一下，因為它能讓我們看清香港發展對外交通運輸系統的難處和路徑。

本來機場已接近上限運送能力，考慮加建新跑道是一件很普通的事，但在香港卻成了非常困難的大事。原因有三：第一，發展空間有限；第二，建設成本昂貴；第三，在小政府大社會的制度下，社會對

第三跑道建設是否支持香港的可持續發展持有不同態度。這三點相互關聯。現時的赤鱲角機場與之前的啟德機場，同樣是由填海獲得的，填海的原因是經過比選後，發現能在現有陸地上建設機場的可選地點極少。而發展第二個機場，無論從成本、安全還是方便使用者的角度考慮，都不如在赤鱲角增建第三條跑道。而在赤鱲角機場形成三跑道系統，需要進一步填海同時要保護生態，再加上改造現有機場部分，建設成本不可能便宜，但隨着通貨膨脹，越遲建設費用越貴。按照2015年香港機場管理局提出的預算，包括現有機場設施改造的「三跑道系統」的建築成本達到 1,415 億港元（分項成本見表 3.3），相當於2016年香港特區政府財政儲備的六分之一。

表 3.3 「三跑道系統」的建築成本

工程項目	總計（億港元） （按付款當日價格計算）
拓地及海事工程	562
飛行區設施	115
停機坪工程	50
改建/ 擴建二號客運人樓	165
三跑道客運大樓	263
旅客鐵路系統	109
行李處理系統	78
機場輔助基礎設施及公用設施	73
總計	1,415

資料來源：香港國際機場網站。

如此龐大的投資如果全部由政府負擔，將很難得到各黨派和社會整體的支持。因此，機管局從一開始就設計了一個通過融資和對乘客

收取建設附加費這兩個方式，由機場、航空公司和乘客承擔大部分建設費用的設想，即機場營運利潤負責 470 億或總建設費用的 33%，機場建設費收取 260 億或總費用的 18%，剩餘的 49% 或 690 億元通過借貸方式獲得。儘管有立法會議員表示向乘客徵收每程 160 元的機場建設費不公平，但應該說，這種「共同承擔，用者自付」的基本原則，在香港還是比較容易獲得認同。

除了融資評估外，最大的壓力當然來自環保團體。機管局召開了很多次公眾論壇，費了九牛二虎之力，讓市民明白第三跑道對香港經濟的重要性，卻不能讓一些把環保放在首位的人士釋懷，最終還是需要以動用近 50 億元建造一個水上生態園之類的補救性措施來擺個姿態。但我認為，香港對外交通市場也必須繼續擴大，這是從社會經濟角度來看的大趨勢，也是無法否認的事實。只要繼續擴大航空市場，就必然會帶來更多碳排放和對現有生態環境的影響。從技術上說，只有使用更多更環保的機型，才能在提高運輸能力的同時，減少單位運量的碳排放。至於對地面生態環境的影響，以香港機場單位面積的生產效率而言，已經是世界最高了。根據機管局提供的數據，香港機場平均每天每班飛機的承載重量（按照乘客量加上貨運重量）是世界主要機場中最高的。換言之，由於從香港升降的飛機從機型上和承載率上都大於或高於其他機場，用兩個半候機樓和三條跑道支持近億人次的客運量，已經很不容易了。

當香港機場擁有三跑道系統後，其上限容量增加到 8,900 萬人次，對香港而言已經很大，應該不需再增加了。在可見的未來，有兩個比較大的因素可能改變香港機場的需求：一是香港高鐵的使用情況；二是周邊其他主要機場的進一步擴展。對於後者，我在前面已經作了介紹與解釋；而對於高鐵的影響，機管局有關報告中的相關分析並不算充分。本書第四章對高鐵站選址討論得比較多，但也沒有涉及鐵路空

運聯營或者聯運的問題。事實上，同時擁有高鐵連接和強大的國際機場，是世界（級）城市（world city）一個重要的優勢。中國內地越來越多城市顯示出它們因為有了高鐵，更高的連接度帶來了更多的發展可能。然而，同時擁有國際機場並在國際機場與高鐵站之間有良好便捷連接的城市並不多。因此，可以預見從香港高鐵站花 30 分鐘就可以經機場快線鐵路抵達機場，對於換乘者而言很具吸引力。在某種意義上，開通了高鐵有可能進一步方便乘客經高鐵從陸路入境後前往機場，或者從機場入境後乘坐高鐵前往中國內地。這種連接越方便，機場就越有吸引力。但同時，高鐵連接或會減少來往於香港和中距離範圍內（1,000 公里以內）擁有高鐵城市之間的飛行需求。因此，高鐵一方面可能進一步刺激使用香港機場（特別是來自深圳、廣州等地）的乘客；但另一方面，也可以取代機場，承擔香港到長沙、汕頭、湛江、廈門、南昌、武漢，甚至貴陽等城市的交通功能。

五、本章小結及討論：如何在多層次空間影響下維持強大樞紐功能

1998 年 7 月，香港赤鱲角機場啟用至今，自身是一個成功的經營個案，對香港的貢獻也十分巨大，它已逐步成為靠對外連接生存的香港之「咽喉要道」——約四成進出口貿易額需靠空運完成，而每年經過機場出入境的遊客仍在增加，而且是遊客羣體中消費能力最高者。將香港機場與葵涌貨櫃碼頭比較，並認為兩者都需要政府大力支持的說法並不正確，因為明天的香港對航空連接的依賴是其他任何運輸方式都不可比擬的。當然，我們不僅要關注機場對香港整體帶來的收益，還要注意其對所在地周邊的影響，和對珠三角這個腹地的作用。

機場對於大嶼山的影響總體是正面的，但這些正面影響似乎來得

比預期慢。港珠澳大橋通車後，機場附近的經濟活動一定會大大增加。這不僅因為有了港珠澳大橋，也因為有了屯門到機場的隧道。有了這條隧道，新界西北的三個鎮，包括屯門、元朗和天水圍，到達機場的時間將大大縮短。因此，它們都將和東涌一樣，成為機場人力資源的重要居住地。反之，也可以說機場對其附近地區的輻射力將向北擴散，使得就業不足的新界西北地區居民，有比較吸引的工作機會。

2023年以後，機場對香港本地直接的空間影響將是其空港城建設。該空港城與港珠澳大橋口岸人工島商城，將形成香港和九龍市區以外最大的購物帶。未來經過香港機場進出的遊客，甚至大量「港深澳珠」環形旅遊的旅行團，將成為空港城的消費群體。

至於香港機場的區域作用，由於廣州和深圳機場迅速擴張、服務質量提升，香港機場對於整個珠三角的直接服務程度會相對下降。然而，究竟香港機場實質上是否對整個粵港澳大灣區越來越重要，還要看香港本身在大灣區中的地位和作用。因為以香港為始發地或終到點的乘客出行或者貨物運送，很可能與整個大灣區相關聯。而香港機場的作用，也不應僅從航空聯繫本身來考慮，它與陸路的連接方式特別是高鐵關係密切。同時，連接深圳機場、發揮兩個機場的協同效應，也是未來必須關注的重點。

最後，必須指出一個十分重要、但在本章沒有展開討論的內容，即區域的空域管制（airspace control）。在我們頭上的天空並不是「任你高飛」的世界，而是有主權並實行嚴格管制的「資源」。首先，哪些空域允許民航飛行、哪些不允許；其次，哪些空域由本地（香港）管轄，它如何與其他臨近空域配合，形成飛行通道或航道。自2011年11月以來，香港與珠三角地區之間僅有四條通道供民航飛機使用，包括一個南下（SIERA）、三個北上（TAMOT、BEKOL、LANDA），見圖3.10。其他空域就像一道無形的牆（見圖3.10中的粗實線），把香港控

制的空域與廣州等地控制的內地空域分割。隨着廣州、深圳和珠海等機場的業務越來越繁忙，香港經過這幾條通道北上或南下的航線將受到越來越嚴重的堵塞。據 *China Daily* 2017 年 8 月 28 日的報導，2017年以來香港機場的起飛正點率大幅下跌至 35.5%。

圖 3.10 香港空域範圍及其與珠江三角洲方向的四條飛行通道

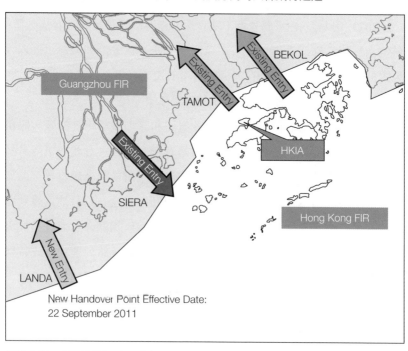

資料來源：香港特別行政區政府。

　　這種由於外部「隱形基礎設施」不足而造成對香港機場的限制，完全可能對未來第三跑道的效益帶來嚴重影響。常見的批評總說是因為香港、深圳、廣州、珠海、澳門五個機場離得太近，都在 150 平方公里範圍內，所以才有如此的堵塞。這種批評並不合理，因為真正的問題在於整個粵港澳大灣區的航空區域管理水平不足。首先，內地空域

在民用和軍用的分配上一直是以軍用優先。如何從軍方爭取到更多空域，是首要問題。然而，就是這個問題的透明度最低。外界至今無法了解，這方面的調整決策如何作出？在甚麼層面、要經過甚麼中央政府機構才能與軍方協調，提高民用空域比例？過去 20 年不能提高的原因是甚麼？其次，香港與內地的空管系統採用不同制式，香港採用英制，內地採用公制，這對於最終形成統一管理的區域系統，存在很多設計上和執行上的困難。第三，在前面兩個問題解決之後，仍需要粵港澳大灣區內各個機場之間協調與合作。顯然，問題目前還卡在前面兩點。

參考文獻

香港機場管理局 (2010)，《香港國際機場 2030 規劃大綱》。

發展署、土木工程拓展署 (2017)，《可持續大嶼藍圖》，政府公開文件。

Karczmarski, Leszek & Or, Carmen (2016), Habitat and Areas for the Conservation of Chinese White Dolphins in Hong Kong. Report submitted to WWF-Hong Kong, 13pp, 10.13140/RG.2.2.34756.42889.

Kasarda, John D and Michael H. Canon (2016), Creating an Effective Aerotropolis Master Plan, *Regional Economic Review*, September 2016, Volume 5.

Or, K. [柯嘉敏] (2017), Socio-spatial ecology of Indo-Pacific humpback dolphins (Sousa chinensis) in Hong Kong and the Pearl River Estuary (Thesis), University of Hong Kong, Pokfulam, Hong Kong SAR.

Wong, W. [黃偉浩] (2017), Macro- and micro-scale anthropogenic impacts on Chinese white dolphins in Hong Kong: quantifying impacts of habitat loss and coastal tourism (Thesis), University of Hong Kong, Pokfulam, Hong Kong SAR.

第四章

1997 年後香港的
陸路運輸

本章摘要

　　本章分為四節，第一節簡單介紹香港的跨境陸路通道截止 2017 年底的現狀，後面三節集中討論三個比較大的基建項目，包括：深圳灣西部公路大橋、廣深港高速鐵路，及港珠澳大橋。它們的立項、選址、建設過程和運營情況（僅深圳灣西部通道）反映香港在這方面作出選擇的原因與問題。在本章討論中，我會提出一些明確的觀點，比如，香港長期缺乏城際鐵路能力，所以高鐵建設不僅必要，而且能帶來很好的經濟效益。又比如，建設港珠澳大橋確實並非香港最先提出並一直積極支持的，而是出於宏觀和政治上的考慮。從長遠來看，經濟效益會慢慢顯現，但不能指望初始投資能回本。這種情形在全世界並不罕見。

於香港而言，陸路交通與海港和機場最大的不同，在於陸路交通是與中國大陸直接連接的通道。車輛、貨物、人員的來往，只要通過海關口岸就可以直接進入邊界另一端，原則上不需要轉變運輸方式，就可以實現中國各地與香港的人員和貨物來往。

20 世紀 80 年代中國經濟改革開放，曾經是跨境陸路交通需求大增的第一個高潮，當時香港企業大量北移並擴建生產線，同時「前店後廠」式的對外貿易和本地港口發展滯後，形成對香港葵涌貨櫃碼頭的強烈依賴（參見本書第二章的相關內容）。1997 年香港回歸以後，又再引發一個新的跨境流動增長：一方面由於港深兩地經濟逐步形成互補性和社會出現融合現象（比如越來越多香港人與內地人通婚，在深圳建立家庭，子女卻在香港就學），邊界兩側的人員交往越來越密切；另一方面，中國政府與香港特區政府配合，有步驟地放寬「自由行」政策，讓更多大陸民眾到香港旅遊購物，形成迅速增長的過境人流。這些變化無疑為香港對外的陸路交通基礎設施和服務，帶來巨大的需求和壓力。

一、2017 年陸路跨境交通基本狀況

要回顧 1997 年到今天陸路跨境交通的演變，讓我們從了解最新數據反映的現狀開始。在 2018 年高鐵和港珠澳大橋通車之前，香港共有羅湖和落馬洲／福田這兩個鐵路口岸，和深圳灣、皇崗、文錦渡、沙頭角四條公路跨境口岸通道，全部皆通往深圳。鐵路的兩條通道只有一條有城際鐵路服務，即經過羅湖口岸的紅磡到廣州廣九直通車。圖 4.1 顯示上述六個口岸 2017 年底平均每日人流量和車流量的分佈情況。這個分佈圖顯示了幾個特點：第一，比較兩條鐵路通道，羅湖過境的人數是落馬洲的兩倍有多，包括直通車 1 萬人，高達每日 23 萬人

次，約佔整體陸路跨境人數近四成。第二，2007年才開通、具「一地兩檢」通關便利條件的深圳灣，已經超過皇崗而成為最繁忙的公路口岸。其一天的流量達11萬人次，已經超過每日10萬人次的口岸設計流量。第三，從公路車流量情況來看，雖然最後建成的深圳灣口岸已經超過文錦渡等口岸，但對應深圳福田中心區和銜接通往東莞幹線公路的皇崗口岸，一天23,700輛的車流量仍然是最繁忙的，為深圳灣車流量近兩倍。第四，陸路口岸人流分佈與車流分佈不同，因為有些口岸主要服務貨運，比如文錦渡與沙頭角，有些客貨並重，比如深圳灣和皇崗。兩個鐵路口岸則基本上是客運，雖然有所謂「灰色通道」存在（即有人通過羅湖等繁忙口岸以個人行李的方式，替別人帶貨過關）。

圖4.1 香港現時陸路交通跨境通道示意圖

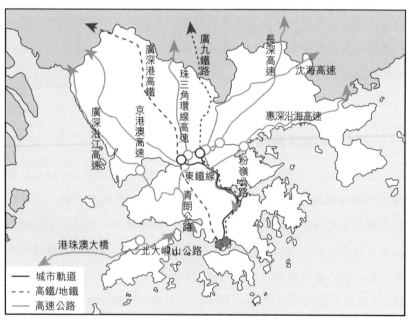

圖 4.2　2017 年香港平均每日陸路跨境交通流量示意圖

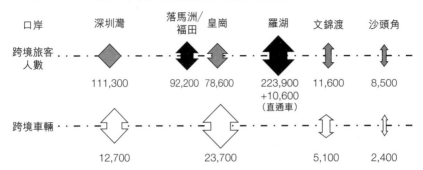

資料來源：《香港便覽——交通》，2018 年 5 月「香港政府一站通」網站：http://www.gov.hk。

　　僅從這單一時間點看陸路跨境交通情況，除了看到流量分佈和巨大跨境規模（一天超過 60 萬人次，一年近 2,200 萬人次）外，並不能說明太多問題，特別是這些通道是否起到其本來應有的作用，以及各個通道相互之間的影響和對城市發展本身的影響。讓我們回到更早的時間點，尋找上述問題的答案。

二、深圳灣西部公路大橋：從貨運主導的設想到客運主導的現實

　　俗稱「西部通道」的深圳灣西部公路大橋，2001 年經港深兩地政府協商後，2003 年 8 月開始建設，2007 年 7 月 1 日香港回歸 10 週年時啟用。這是 1997 年至今 20 多年間，香港對外陸路交通方面唯一一條建成並啟用的全新通道。這座 3.5 公里、投資不過 23 億港元的橋樑，有四點值得特別注意：第一，它本來主要為了紓解皇崗／落馬洲口岸堵塞的貨櫃車流而建設，但建成後其客運量增長卻遠遠超過貨車的增長。第二，它是所配合的海關口岸中第一個，也是直到 2017 年為止唯

一一個「一地兩檢」的口岸。第三,這條通道開始展現港府當初並沒有意識到的重要拉動作用。隨着 2018 年已建成通車的屯門—機場公路海底隧道和港珠澳大橋,西部通道作為穗港深沿江高速公路的一部分,將成為粵港澳大灣區陸路閉環部分。第四,西部通道實際上在口岸地區形成了一個公共交通樞紐。以下按照這幾個重點展開對西部通道的討論。

在本世紀初,香港與內地的跨境貨運車輛達到了高峰,平均每天經過陸路關口的車輛超過 5 萬輛(見表 4.1),其中,貨櫃車和非貨櫃貨車都在增長。而皇崗/落馬洲口岸出現大排長龍等待過關的車輛,明顯影響到香港港口的效率。對於貨櫃車司機而言,一天一趟與一天兩趟的差別十分巨大。同時,因關口和公路瓶頸能力不足,實質上已經影響到香港港口的競爭力。因此,香港社會相關團體不斷要求增加陸路車輛的通行能力,而且沒有遇上政治阻力。而從深圳角度來看,皇崗位於深圳城市的福田中心區南端,進出皇崗口岸車輛一大部分要穿越市中心區,以往來香港與深圳北部工業區以及東莞,對深圳市區其他正常城市活動帶來極大的干擾。於是,深圳提出了「西進西出,東進東出」的道路規劃構思,以減少對福田中心區的干擾。對香港而言,當時只有中部的皇崗/落馬洲和東部的沙頭角兩條通道,因此在西部建設一個新口岸和一條新通道似是順理成章。

然而,在西部通道建設的這幾年,情況發生了變化。首先,隨着深圳東西部兩個港區貨櫃碼頭冒起,香港葵涌碼頭的作用開始減弱。正如第三章的分析指出,香港主動轉向中轉樞紐,越來越多非珠三角貨櫃或者珠三角西部地區貨櫃經由香港中轉,而深圳、東莞和惠州的產品更傾向使用深圳鹽田港和西部港區的蛇口碼頭。到 2008 年發生世界金融風暴和經濟危機時,整個珠三角的出口大幅度下跌,生產轉移到東南亞等地,更使得反彈機會渺茫。這樣,越來越多企業原來是選

表 4.1 按車輛類型劃分的往來香港及內地的平均每日行車車次

車輛類型	1999 統計調查		2001 統計調查		2003 統計調查		2006 統計調查		2007 統計調查		2009 統計調查		2011 統計調查		2013/14 統計調查		2015 統計調查	
	車次	百分比	車次	百分比	車次	百分比	車次	百分比	車次	百分比	車次	百分比	車次	百分比	車次	百分比	車次	百分比
貨櫃車	13,700	45.6	12,600	40.2	12,800	32.7	11,300	26.8	11,000	24.6	8,800	20.4	9,500	21.5	8,500	20.2	7,900	18.4
貨車（貨櫃車除外）	12,000	40.0	12,100	38.7	15,700	40.4	15,800	37.5	15,600	34.8	13,900	32.4	12,900	29.2	11,800	28.0	12,400	28.8
私家車	3,300	11.0	5,200	16.5	7,500	19.3	11,600	27.6	14,100	31.6	16,700	38.9	18,400	41.6	18,100	43.1	18,900	43.7
過境巴士	900	2.9	1,000	3.3	2,100	5.5	2,300	5.4	3,000	6.6	2,600	6.2	2,500	5.7	3,000	7.2	3,300	7.6
穿梭巴士	200	0.6	400	1.3	800	2.1	1,200	2.8	1,100	2.4	900	2.1	900	2.0	700	1.6	600	1.5
總計	30,000	100.0	31,300	100.0	39,000	100.0	42,100	100.0	44,700	100.0	42,800	100.0	44,300	100.0	42,000	100.0	43,200	100.0

資料來源：《北往南來：2015 年跨界旅運統計調查》表 5，香港特區政府規劃署。

擇跨境採用香港司機和貨櫃車這種成本及時效均較高的方式,逐漸也被班輪航線越來越相似、但價格更有競爭力的深圳港口吸引。

迄今為止,跨邊界人流和車輛統計上最詳細的數據,來自香港特區政府規劃署堅持數年、每兩年發表一次的抽樣調查——《北往南來:跨界旅運統計調查》,以及香港海關的數據。這些數據說明了上述的轉變。表 4.1 顯示,1999 年,跨境來往的貨櫃車平均每天 13,700 輛,佔所有跨境車輛的 45.6%。而到 2015 年,貨櫃車日過境量降到 7,900 輛,僅佔跨境車輛的 18.4%。相反,客運部分,包括過境巴士,穿梭巴士和私家車的數量都明顯上升,從 1999 年佔過境車輛的 14%,上升到 2015 年的 52.8%。同一份報告還有進一步分口岸觀察:新建的每日六萬車次通過能力的深圳灣通道,到 2015 年日均僅有 9,500 車次使用,為落馬洲的二分之一,其中大約 1,050 車次為貨車。這應是始料不及的情況。

圖 4.3　港深西部通道及深圳灣口岸位置圖

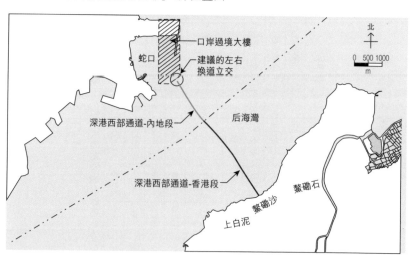

資料來源:香港特區政府網站。

不同種類跨境車輛增減和分佈的背後，反映了香港與內地在人員流動和貨物流動上的轉變，實質上也是商貿關係和社會關係的演變。雖然香港社會上有人不看好或甚至反對香港與內地建立進一步緊密的商貿合作關係，但跨境數據顯示，這種關係不僅體現在「自由行」等特定政策的推行上，有很多香港人更已逐步融入中國大陸（特別是深圳）的日常社會生活之中。

根據香港特區政府規劃署 2016 年出版的《北往南來》調研報告，2015 年平均每天跨境來往內地與香港的旅客達到 648,800 人次，其中陸路跨境超過 60 萬人次，絕對的跨境人流是世界第一。其中，居於香港人士達到 338,900 人次，為總日跨境人次的 52.2%。如果加上香港在內地居住的人士往返 100,800 人次，跨境內地出行人數中三分之二是香港人，平均每天高達 439,700 人次。

根據該報告，以每週跨境一次或以上所謂的「經常過境旅客」，在 2015 年已經高達 875,900 人。他們之中最多是跨境休閒消費者，其次是公幹來往者，兩者已佔經常跨境旅客五成以上，可見兩地商務與消費交往之頻密。另一個相對小眾、但反映社會融合深度的是跨界學生的數據。按照官方定義，跨界學生指居於內地、每星期四次或以上跨界到香港上學的 18 歲或以下香港居民。於 2015 年，估計有 27,790 名跨界學生。目前這個組別的跨境人數應已接近 3 萬。根據《北往南來》的統計，這些學生中，34.4% 的年齡為 5 歲或以下，52.4% 的年齡為 6 至 11 歲，而介乎 12 至 18 歲的則佔 13.2%。

在跨境的選擇上，越來越多人和客運方式（例如跨境巴士）選擇深圳灣西部通道，其中一個重要因素就是深圳機場。2009 年的調查數據顯示，過境旅客中來往於香港和廣東省以外的人，當中一半在深圳境內主要交通樞紐換乘，其中採用深圳火車站的佔 17.1%，遠遠低於深圳寶安機場的 53.8%；這也是深圳灣大橋於 2007 年啟用後，該通道跨

圖 4.4　各類經常往來香港及內地的跨界旅客數目

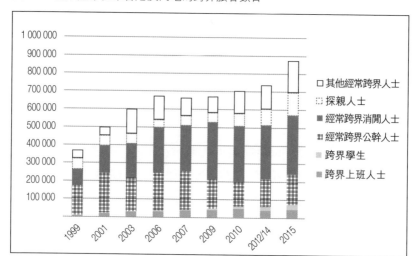

資料來源：《北往南來：2015 年跨境旅運統計調查》，香港特區政府規劃署。

境巴士迅速增長的主要原因。然而，2015 年，接駁深圳火車站（包括深圳北站）和機場的跨境旅客反倒趨向平衡，分別佔 35.8% 和 36.3%，反映鐵路今天和高鐵未來潛在的重要連接作用。

　　西部通道的第二個特點，是它乃「一地兩檢」的口岸。深圳灣口岸是中國第一個按照「一地兩檢」查驗模式運作、亞洲最大的客貨綜合性公路口岸。該口岸位於廣東省深圳市南山區境內，佔地 110 公頃，經深圳灣公路大橋與香港新界元朗區連接。深圳灣口岸內同時設立內地和港方口岸區，專用於人員、交通工具、貨物的通關查驗。香港與深圳為深圳灣口岸港方口岸區簽訂租約，土地使用期限至 2047 年 6 月 30日，每年需支付租金逾 623 萬元人民幣。租金每 5 年調整一次，調整幅度上限為 30%。深圳灣口岸港方口岸區範圍，包括港方查驗區和與之相連接的深圳灣公路大橋部分橋面。港方查驗區總用地面積為 41.565公頃。迄今為止，港府為此付出的租金及建設費用超過 42 億港元。

表 4.2 按在廣東省所使用的交通樞紐劃分的起訖點為廣東省以外的往來香港及內地的平均每日旅客人次（可以使用多個樞紐）

在廣東省所使用的交通樞紐	2009		2011		2013/14		2015	
	人次	百分比	人次	百分比	人次	百分比	人次	百分比
沒有使用	19,900	58.7	23,900	59.6	27,800	65.7	31,600	65.8
有使用	14,000	41.3	16,200	40.4	14,500	34.3	16,400	34.2
其中：深圳寶安國際機場	7,600	53.8	8,500	52.3	5,700	39.3	6,000	36.3
廣東省其他機場	1,700	11.9	2,400	15.0	1,600	11.2	1,100	6.8
深圳市火車站	2,400	17.1	2,000	12.1	4,700	32.3	5,900	35.8
廣東省其他火車站	800	5.5	1,600	9.7	1,000	7.2	700	4.2
深圳市長途汽車站	1,800	12.9	2,200	13.4	1,300	9.3	2,100	12.7
廣東省其他長途汽車站	400	2.9	100	0.6	1,500	10.6	800	5.1
渡船碼頭	200	1.3	100	0.9	100	0.4	#	0.2
總計	34,000		40,100		42,300		47,900	

資料來源：《北往南來：2015 年跨界旅運統計調查》，表 3A.9。

無論對行車司機還是過境旅客，「一地兩檢」模式明顯比兩地兩檢優越，特別是隨着技術進步和雙方海關在電子數據分享方面的合作，大大減少了不必要的重複手續，加快了通關速度。但實施「一地兩檢」模式，其意義絕不僅在技術上和效率上，其關鍵反而是第一次在中國出現這種口岸，體現了兩地法律在單一空間地點對接的可行性。本質上，它體現了互聯互通比畫地為牢為更重要的時代命題。雖然美國在加拿大的幾個國際機場（比如多倫多）設立了海關，實行境外「一地兩檢」已經幾十年，但在香港仍然有人顧慮或者刻意以法律難以相容為由，拒絕在香港境內（即高鐵站，見下節）採用「一地兩檢」。而在深圳灣實踐「一地兩檢」，已為於香港境內實現「一地兩檢」提供了非常重要的參照。它實際上說明，這件事不論在技術上還是法律上都是可行的。是否在香港境內實行「一地兩檢」，主要是政治和信任問題，而不是法律問題。

西部通道的第三個特點，是它在香港空間發展上，為新界西北地區獲得機遇提供了重要的基礎設施支持。在沒有西部公路大橋和通往市區的港鐵西鐵線之前，新界西北地區的三個新市鎮，包括屯門、元朗和天水圍，於香港境內自成一隅。它們之間有香港獨有的輕鐵作內部連接，但整體上遠離香港主要市區，也遠離各種就業機會。這些地區曾經被計劃發展成有就業、有居住設施的自給自足新市鎮，但1980年代中國改革開放，不到十年，這裏的工廠已陸陸續續遷到珠三角。工作崗位流失後，剩下的是一個以中下層、特別是居住公屋的藍領工人家庭為主的「睡城」。港鐵西鐵線的建設雖然改善了這三個市鎮到市區的可達性，但很多居民仍然需要每天耗費大量時間和金錢通勤，到九龍、港島，甚至大嶼山國際機場工作。本來為了改善香港與深圳過境交通的西部通道，也同時改善了這個地區的對外交通。在天水圍附近的洪水橋一帶、原本是貨櫃空箱（吉櫃）堆場的地點，陸續出現了內地和香港跨境的物流轉運中心。包括內地著名速遞公司順豐快遞在內

的企業，利用這裏土地相對低廉、又在天然「自貿區」香港的優勢，一方面提供為香港網上「淘寶」內地產品的配送服務，一方面又開始為內地居民提供通過「海淘」購買進口貨空運到香港再轉運內地的服務。

雖然到 2017 年為止，這類跨境物流帶來的就業仍然有限，但隨着 2018 年屯門—機場隧道開通和港珠澳大橋啟用，從深圳機場經過西部通道到香港機場，再經港珠澳大橋到珠海，就令香港境內出現了一段與珠三角環形閉環連接的走廊。這條走廊將從根本上改變新界西北三鎮的發展前景。這條環路對香港西部地區的發展十分關鍵。目前，在位於大嶼山赤鱲角的香港國際機場一帶就業的人，近三成來自新界西北三鎮。屯門—機場隧道開通了，不僅大大方便了這些人通勤，更將香港機場與深圳機場，和深圳最具潛力的前海自由貿易區連接起來。這為新界西北帶來了前所未有的發展動力，因為它成了位於香港旁邊兩個機場之間最適合發展航空轉運、空海聯運和空鐵聯運（前海樞紐和深圳北站）的地點。這將從根本上扭轉這個地區「偏遠」的區位劣勢。

深圳灣西部通道的第四個特點，是情理之中而預期之外的，那就是它形成了一個來往港深穗多地的公共交通樞紐。這個位於深圳蛇口東角頭的口岸，是一片由填海得來的土地，附近原來甚麼也沒有。口岸開通後僅僅十年，在深圳方面出現了 18 條公共交通線路；在香港方面形成了 8 條通往不同地點的專營巴士線和 13 條跨境長途巴士線，從香港主要旅客熱點比如九龍塘港鐵站、尖沙咀海港城、銅鑼灣時代廣場、上環信德中心、迪士尼樂園、海洋公園等地，連接深圳機場以及東莞、佛山、中山、廣州等內地城市。由於實行「一地兩檢」，公共交通工具雖然多數分段行駛（即車輛並不過境），但接駁方便。而恰恰因為車輛不過境，客觀上造成了口岸型交通樞紐。不過，不得不提，深圳方面長期出現私家車缺乏足夠停車空間和非法停車問題，似乎在設計以公共交通為主的同時，忽略了如何通過管理以保證公交優先的原則。

三、引入高速鐵路：昂貴在哪裏？

過去十年，香港對外交通設施建設方面引起最大社會爭議的，非高鐵莫屬。在建設規劃初期稱為「區域快線」的廣深港高速鐵路香港段（以下簡稱「香港高鐵」）全長 26 公里，起於西九龍填海區的西九龍總站，止於與深圳邊界的高鐵，途經油麻地、大角咀、深水埗南昌、葵涌、尖山、金山以及新界的大帽山、石崗、八鄉、雞公嶺、牛潭尾及米埔，全程都是地下隧道，沿途不設站。當時計劃由香港政府全資興建，造價為 853 億港元（約合 110 億美元，至 2015 年 5 月超資約 32%），最

圖 4.5　穗港深高速鐵路走向示意圖

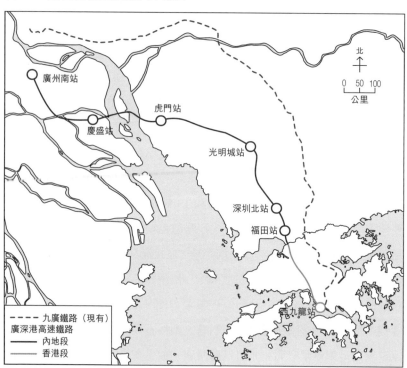

資料來源：根據香港特區政府網站內容繪製。

高營運時速為每小時 200 公里，每行車方向每小時可以接載約 10,000 名乘客，經深圳的福田站、深圳北站，連接中國大陸長達 38,000 公里的高鐵系統。香港高鐵於 2009 年 10 月由行政長官會同行政會議落實興建，於 2010 年 1 月獲得立法會財務委員會通過撥款，於同年 4 月動工，原預計於 2015 年竣工及通車，但於該年 5 月因工程嚴重延誤而大幅推遲至 2018 年第三季通車。

對香港來說，不論從經濟上、社會上，還是政治上，興建高鐵都是一個很重要的決定。從經濟上，香港政府一直堅持保守的財務原則：即建設這種大型基礎設施，必須考慮經濟收益，不進行無法達到收支平衡的項目。從社會上，需要說服市民和議員，這個每公里超過 30 億港元的鐵路項目對社會整體有益，並且不會導致社會更加不公平和環境更差的情況。從政治上，需要讓市民和議員相信，高鐵建設不僅不會破壞「一國兩制」的安排，這筆巨大投資還會對香港帶來好處。

雖然早在 2006 年，九廣鐵路公司就按照行政議會指示開始進行初步對廣深港高速鐵路香港段的研究，但直到 2007 年 10 月才真正成為社會議題。該高鐵方案成為行政長官曾蔭權發表的《2007/2008 年度施政報告》的「十大建設計劃」之一。2009 年是香港討論高鐵項目最激烈的一年，辯論的核心議題在於為何要花 600 多億港元建設一條 26 公里、連接中國大陸的鐵路。支持者基本上有這幾個論點：第一，中國高鐵網是世界最先進的鐵路網絡，連接中國所有重要城市，香港把自己連接到這個網上，就甚麼都賺回來了。如不連接就會進一步被邊緣化。第二，與航空運輸比較，高鐵最大的優勢就是可以直通市中心，「最後一公里」的時間比較短，當然把車站建在市中心，成本就會比較高。第三，地下全隧道方式是為了環保，所以一次性的付出以換取長遠的環保有其道理。第四，乘客在時間成本上的節約，是高鐵效益計算關鍵。按照這種方法計算，要在 20 年內回本沒問題。反對者的理由

則包括：第一，從財務上來說，怎麼計算都是賠錢的（即不計算社會收益）。第二，在西九龍市中心地段建設高鐵站，是把可達性帶來的好處奉送給大地產商，有官商勾結、利益輸送之嫌；而選址其他地點（比如新界）會便宜很多。第三，反對拆遷菜園村居民，認為不論多少賠償都補償不了村民離開自己家鄉之痛。第四，如此龐大的投資，受惠的不是香港全體市民，不如將錢用於其他用途更為公平。對於某些議員，還有一個說不出的理由：為甚麼要花錢更好地連接大陸？

我明確支持發展高鐵，並支持將高鐵站建在市中心。道理很簡單，香港作為中國一個世界城市，提高香港與中國其他核心城市和主要地區的連接度非常重要，這是香港比較新加坡的一個地理優勢。這種連接度的價值，是香港核心競爭力的物質基礎，因為香港是靠對外聯繫的效率、連接度和開放度為生的。至於這個基礎設施的建設成本，應該分開兩點來分析：第一是車站，第二是全地下隧道方式。車站成本高，是因為它位於高地價的市中心，但這樣做帶來的效益更高，因為內地不少為了搶時間迅速「落地」，或者用高鐵站推動新城新區發展的個案都顯示，新區成功與否視乎這個地區是否具備很多其他條件，若不具備就發展不起來。但遠離市中心的高鐵站對乘客的不便是永久性的，比如廣州南站，去那裏也比去機場還遠，乘高鐵比乘飛機的可達性優勢便會大打折扣。而且，有研究指出，租金與綜合可達性成正比，所以市區高地價區域的高鐵上蓋物業回報一定很高，因為它處於香港對外對內可達性都極高的少數地點之一。

再看全地下隧道方式。這種方式不等於修建「地鐵」，而是地下高鐵，技術要求遠遠高於一般地鐵，所以成本必然高。可是，其中部分原因是選線時候沒有充分考慮，在前期誤判地下地質條件而造成了大量追加投資和延誤。雖然對此必須譴責，但全隧道方式本身卻是一勞永逸地解決與地面現有環境衝突的最佳辦法，換來了保護環境和盡量

少佔用香港寶貴土地的得益。試想想，僅一個為了維修設置的出口設施，就引發了「菜園村」事件，如果全線建在地面會如何？因此可以說，在九龍西設車站和採用全隧道方式引致的高成本，是確保未來高鐵環保和高效的代價。對於這種建設了就要用上百年的設施，十年後回頭看，才會明白當時的選擇是正確的。就如機場鐵路快線，今天已成為世界各大城市仿傚的榜樣。

當然，基礎設施建設是個「講金不講心」的課題，不能迴避計算回報這一點。在未來 20 年甚至 30 年，香港政府可能從高鐵經營上取回這 800 多億港元的基建投資嗎？我認為從財務上是不可能的，但只要計入社會效益就有可能。因為香港與深圳以至 900 公里範圍內的高鐵連接城市所增加的來往，會令香港繼續穩定發展帶來源源不斷的支持，即香港人、內地人和境外人士經過高鐵（甚至香港機場）往來內地與香港所帶來的繁榮。特別是與深圳的人員來往，目前已經高達一天 18 至 20 萬人次的密度。高鐵縮短了旅行時間，從而也提高了往來質量。因為實行「一國兩制」，港深兩地存在的制度差異也就不會因為經濟發展水平而消失。而空間引力定律（Spatial Gravity Model）告訴我們，兩個地方差別越大、距離越近，其互通互聯的量就越大。因此，高鐵進一步縮小了兩個差異很大的經濟體核心地區之間的時間距離，這對雙方都有利。然而，這支強心針的效果很大程度上不會在鐵路公司的財務方面體現，因為相對於內地高鐵收費標準，香港段的收費也不可能很高。而恰恰是這個原因，可能更快地造就西九龍成為香港第二個中央商務和文化核心區。這一點相信很快會見到。

四、港珠澳大橋：是養了一頭必要的大白象嗎？

我們經常形容一個浪費金錢的大型項目是「大白象」，意思是它最

終的效益完全無法與其初始龐大的投入相比。不少香港人從政府還沒拍板投資興建港珠澳大橋前，就認定這是一頭大白象，認為其經濟回報不可能承擔高昂建設成本。其實，不是興建與否，而是應如何興建港珠澳大橋。這在粵港澳大灣區範圍內，更大程度上是一個政治議題。

港珠澳大橋建設大事記

- 1987 年，珠海市委、市政府開始醞釀開闢珠港跨海通道。
- 1992 年 3 月，正式開展預可行性研究，編製《伶仃洋跨海工程可行性研究報告》。
- 1997 年 12 月 30 日，伶仃洋大橋項目獲國務院批准立項。伶仃洋大橋因故遲遲未建，2002 年初香港商界再次提出建橋事項。
- 2003 年 7 月底，國家發改委論證報告完成，確定興建港珠澳大橋。
- 2005 年初，確定單 Y 型和港珠澳三地落腳點。
- 2008 年 12 月，工可報告通過專家初審並上報國家發改委。
- 2009 年 10 月 28 日，國務院批准港珠澳大橋工程可行性研究報告。
- 2009 年 12 月 15 日，上午港珠澳大橋正式開建。
- 2009 年 12 月 20 日，在澳門政權移交十週年當日動工興建。
- 2010 年 1 月，香港一名老婦取得法律援助後向香港高等法院提出司法覆核，挑戰港珠澳大橋香港段環境影響評估報告。
- 2011 年 4 月 18 日，香港高等法院判決環境保護署長敗訴，撤銷對工程批出的環境許可證。港珠澳大橋香港段工程被迫延遲動工。
- 2011 年 9 月 27 日，香港高等法院上訴庭判決環境保護署長上訴得勝。
- 2011 年 11 月 18 日，香港立法會財務委員會以 35 票贊成 3 票反對，通過了 485 億港元撥款。
- 2011 年 12 月 14 日，港珠澳大橋香港段工程正式動工。
- 2012 年 5 月 7 日，香港政府再向立法會財委會申請 88 億元以興建香港接線，連同早前增撥的 65 億元，當局共斥資 582 億元興建香港接線。
- 2012 年 12 月 17 日，港珠澳大橋主橋墩開鑽，標誌着港珠澳大橋主橋墩施工正式拉開序幕。
- 2016 年 3 月 30 日，重達 1,950 噸的鋼箱樑成功吊裝，主體工程非通航孔橋箱樑吊裝全部完成。
- 2016 年 6 月 29 日，港珠澳大橋橋樑工程 CB04 標最後一個中跨鋼箱樑進入江海直達船航道橋合龍口，標誌着港珠澳大橋主體橋樑成功合龍。
- 2016 年 9 月 27 日，港珠澳大橋全線貫通。

最早提出建設港珠澳大橋的是珠海，而不是香港，這點也不奇怪。在 1990 年前後，對於香港而言，深圳、東莞以至整個珠三角東部地區都成了香港經濟擴張的範圍，大量加工製造業從香港北移並擴大，用盡那裏便宜的土地和勞工，同時又繼續使用香港港口完成與世界市場的對接。1994 年開始，在深圳貨櫃港口有了遠洋國際航線，進一步強化了珠三角東部的世界工廠優勢。香港的管理人員和企業家，以及廠商服務業便利的跨境服務，也是一個重要條件。當這一切正如火如荼地進行時，同是經濟特區的珠海，卻被深圳發展勢頭拋在後面，無法藉澳門得到同樣大展宏圖的機會。

　　珠海早期這種「借東風」的設想，是在其最靠東面的淇澳島興建伶仃洋大橋，連接香港屯門的爛角咀。這是最短、最直接的方案。我也曾經參與當年的一些洽談過程。然而，珠海的主張的提出過程完全不得要領，如此能進一步拉近與中國大陸關係的龐大方案，沒有得到回歸前的港英政府積極回應。1997 年後，事情也並不順利。直到本世紀初舊事重提，雖然最終獲得立項進行港珠澳大橋的規劃和建設，但事過境遷，社會經濟發展的條件已大不相同。首先，香港製造業的轉移已經完成，境內經濟現在以服務業為主，沒有更多企業和資本會向珠江三角洲西部轉移。其次，澳門已經獲得中央首肯和國際主要博彩企業投資，成為了亞洲乃至世界的主要賭城，經濟狀況極佳，人均 GDP 進入世界前列，對大橋的建設不再興致勃勃。第三，經濟發展迅猛、城市人口和土地價值迅速上升的深圳，已經意識到需要更多向珠三角西部連接的通道，因此對大橋的興趣提升，希望出現「雙 Y」型設計，即橋樑東部分別連接香港與深圳兩個城市，而西部分別連接澳門與珠海。

　　最終香港為甚麼沒有接納這個「雙 Y」方案，一直有各種無從證實的傳聞。但是，時至今日，對於在 2005 年拍板、13 年後建成通車的港珠澳大橋，我個人仍然認為，即使是目前的單 Y 方案，在很大程度上

也是中央政府給予香港特區政府的一項政治任務：即支持珠三角西部發展。因為如果單是計算經濟賬，這是一項耗資 1,000 億、由港方出資超過 600 億（連內部連接，共約 800 億）的投資。如果從財務上衡量，即只看橋樑本身的投資收益，僅靠大橋收費系統，如收費昂貴，車流量不足，如收費「合理」，假設每輛大型車收費 400 元、小型車收費 180 元，按照每年每天 360 天計算，每天需要 10,000 輛小型車、10,000 輛大型車（包括巴士和貨櫃車），要 50 年才可能收回 1,000 億投資。如果內部回報率計算還要將利息和維護費用考慮進去，則需要 80 年以上。換言之，大橋在其合理壽命期內，回報率幾乎是零。因此可以説，以香港特區政府繼承港英政府理財原則和傳統下，如果不是為了其他利益，斷不會興建這條橋。

那麼，如果大橋將帶來的是主要外部效益或者社會效益，而不是財務回報，那如何衡量這個效益？總體上，我認為這條大橋的社會效益一定是以正面為主，但作用有多大卻很難量化。也許可以參考以下一個指標。中國科學院廣州地理研究所的吳旗韜（Wu, 2017）等，在 2017 年發表了一個研究，當中分析了港珠澳大橋建成前與後，從香港到珠三角中西部地區的公路可達性差異，這個差異以時間為單位（見圖 4.6d）。從作者文章提供的圖表可以看到，港珠澳大橋通車後，香港到達中山、珠海、陽江、新會等地的時間將大大縮短。如果我們認同，一個地區不同城市的時間距離越短，就會有越大的交流量，從而帶來更多社會和經濟活動與發展，那就可以視這個可達性的改善是正面社會效益。

吳旗韜的研究雖然定量化地解釋了大橋的正面社會影響，但這個解釋僅説明，大橋作為交通運輸基礎設施所提供的社會發展必要條件，這個新的條件到底在未來能帶來多大實質貢獻，還有待時間證明。本質上，這條大橋所帶來的可達性的改善，對香港與珠江西岸地區城市的互補性，實在起到了一個強化作用。

圖 4.6　港珠澳大橋建成前與後從香港到達珠江三角洲中西部地區的公路可達性差異

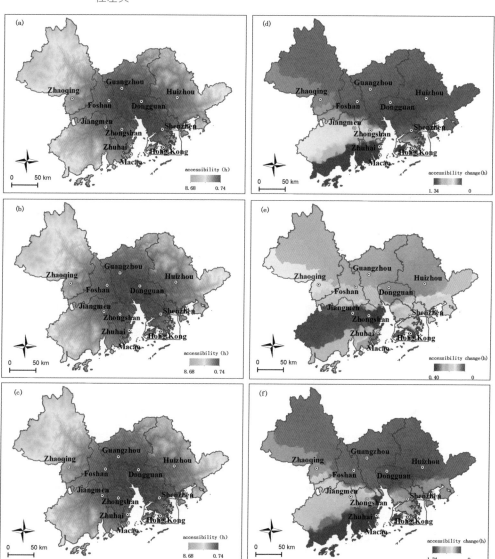

資料來源：Wu, Qitao, Jie Fan, Hongou Zhang, and Yuyao Ye (2017) "The Spatial Impacts Model of Trans-strait Fixed Links: a Case Study of the Pearl River Delta, China", *Journal of Transport Geography*, Vol. 63, pp. 30–39.

究竟香港與珠三角西部地區有甚麼互補性可以強化呢？總體上，最主要大概有以下兩項：第一，社會文化風氣上的巨大差異。凡是到過珠海等珠江西部城市的香港人，都可以感受到那邊相對「慢」的氛圍。相反，如果從香港到深圳，香港人可以感受到深圳處處（包括生活節奏）都越來越像香港。雖然這種節奏的差別難以量化，但這個差異恰恰可能是大橋兩邊對對方需求的基礎之一：西岸的營商者或者企業需要到香港建立更高效的商貿業務，因為那裏不僅是中國最大的「天然自貿區」，而且更有高效和國際化的金融、物流等各種服務。反之，對於香港人而言，他們當中如果有人期待更休閒愜意、同時相對成本又低的生活，他們可以從珠海到江門找到很多慢生活的樂趣，由適合全家的大型主題公園和長長的單車綠道，到相對個人和高端的打高爾夫球和學駕駛飛機，應有盡有。

第二，大橋兩端的交通網絡連接帶來的效益，帶來區域範圍上的規模效益。香港赤鱲角機場是整個珠三角大灣區中國際航線最豐富的機場。而珠海和澳門兩個機場都屬於中小型機場，能與香港機場形成很好的互補。大橋通車以後，從澳門機場或者珠海機場到達香港快捷了許多。這方面的互補性大概馬上就可以體現出來，因為自 2018 年起，香港國際機場就已出現飽和，估計有一些航線不得不因為機場堵塞和提價，而轉移到附近機場。其中，低成本航空公司轉移的可能性最高。港珠澳大橋通車後，珠海機場可能是附近機場當中最有可能接收這些轉移航班的機場。如果運作理想，這些航空公司回到香港機場的可能性會減低，畢竟兩個機場對航空公司的收費會繼續保持很大的差距。同時，珠三角西部的旅遊業也越來越興旺。

以上兩項涉及旅遊休閒、貿易與金融、物流和運輸業。我們很難再確切地找出哪個行業，比如教育、製造業等，可以明顯受惠於大橋。

不過，從宏觀城市經濟角度來看，就是以上提到的空間引力定律（即兩個城市間的交流量，與兩地的人口和經濟總量成正比，與兩地之間的距離成反比），大橋縮短了香港與整個粵西的距離，因此兩端的交流一定會增加。「市場」如何去理解這個新局面，需要時間。大橋通車後，各方面的配套（包括相關政策到位）也需要磨合。但從長遠來看，這條大橋一定會促進珠三角西部的發展。這其實就是大橋的政治收益。

相對比較近期和比較清晰的發展機會，反而是大橋於香港一側的大嶼山島。如果沒有赤鱲角機場，沒有迪士尼樂園，相信香港以外的人到大嶼山旅遊或者造訪的機會微乎其微。而這個比香港島還要大的島嶼，近年由於迪士尼樂園和機場的帶動，增加了一些經濟活動。但是，從整體發展水平看，還遠遠低於香港和九龍主要市區。隨着大橋開通，大嶼山完成了一個「質」的飛躍：向西有跨境連接，向東直通市區，經連接口岸島的機場—屯門隧道向北連接新界西北三鎮和深圳。其中，從口岸人工島沿着大嶼山北側向市區方向的走廊，將是未來香港受惠於大橋的主要地區。在這個意義上，當年不建設接駁屯門的伶仃洋大橋而轉向今天的位置，從更長遠時段來看，或許是繼機場和迪士尼樂園後，為大嶼山發展注入的第三劑強心針。回望歷史，我們也注意到，如果當年新機場沒有選址大嶼山赤鱲角，港珠澳大橋恐怕也不會從這裏上岸。這些歷史的偶然，後來竟都成了今後的必然。據稱，香港機管局打算在口岸人工島附近建設香港最大的購物中心，似乎是在這個地區重新啟動空港城的第一步。於是，世界級的空中聯繫樞紐和區域公路網絡的連接，就這樣與本土發展掛上了鈎。如果說大橋是頭大白象，自己不會下金蛋，這是一個不可能改變的事實。但究竟是誰在甚麼時候、在甚麼地點可以通過大橋而獲得發展機會和效益，則取決於那些善用大橋增加城市之間交往活動的人士和企業。

五、本章小結：龐大的過境需求，仍然有限的通達能力

1997 年以來，是香港與內地陸路運輸交通增長最快的 20 年。在最初的 10 年裏，香港與內地跨境貨櫃卡車（貨櫃車）每年都在增加，這是由於當時深圳和廣州作為貨櫃港口剛剛起步，收費雖然低廉，但海運連接度（包括連接的船期密度和直接到達的國家）與香港差別仍然很大。即使北上深圳等地的香港人流逐步增加，但因為跨境車輛的通關效率直接影響到香港作為航運樞紐涉及的所有行業的收益，所以一直被認為是改善的關鍵。而這些行業林林總總，僱用的就業人口就有幾十萬。

然而，大約在 2007 年左右，香港在航線上逐漸失去優勢，而且收費又比較高，於是角色漸漸變成中轉樞紐（詳見本書第二章關於水運的討論）。同時，深圳的產品轉向以高附加值為主，使得跨境陸路運輸車輛逐漸由以貨櫃車為主，轉為以普通卡車（香港稱為「噸車」）為主。陸路過境貨值的增長與空運貨值的增長高度相關，反映珠三角（特別是深圳）的對外貿易，對香港國際機場的依賴性。

與此同時，本章以上的分析指出，人員跨境的南來北往已經非常多元化了。這種多元化有兩層意思：第一，跨境的人員數量和種類遠遠超過了遊客和商務的範疇。邊界兩側的人員交流包括親屬往來、就學、跨境通勤，甚至跨境採購日常用品和週末健身（到香港爬山或到東莞騎單車）。第二，內地的起訖點多元化。這種深層次的交往，反映放寬出入境香港／內地的管制後，市場逐漸體現其潛在需求。在內地到香港仍然有簽證限制下，2017 年平均每天跨過港深邊界的人已經高達 60 萬。然而，雖然位於深圳灣的西部通道歪打正着地大幅提高了人流通過能力（原來設想主要為貨櫃車輛過境服務），特別是到深圳機場的連接度，但鐵路方面的區域連接卻遠遠落後需求。在東鐵線（及原來的

九廣鐵路）早已變為香港內部的郊區鐵路以後，香港沒有及時增加區域鐵路的能力，使得「廣九直通車」在速度上和能力上，都遠遠跟不上深圳到廣州的動車線路。高鐵的深圳至香港段因各種理由遲遲沒有開通，導致很多本來不需停經深圳的旅客，不得不先到深圳或廣州，再轉車前往內地其他城市。因此，高鐵通車將會爆發大量需求。

同樣拖延了很久才開通的港珠澳大橋，情況則有些不同。首先，到粵西方向的需求沒有向北連接的需求那麼大。其次，珠海等珠三角西部城市的經濟和文化特色與東部城市非常不同。我傾向認為，這個連接雖然重要，但效果可能需要較長時間才能體現出來。近期最可能出現的，大概是珠海與香港機場合作，因為香港機場第三跑道延遲興建，可能在未來三、五年會出現嚴重飽和。港珠澳大橋為香港機場的困擾，帶來了一個分流的可能性。同時，不能也不應迴避的事實是，這條跨海大橋的政治意義恐怕要大於經濟意義。所謂「政治意義」有兩點：第一，強化香港與大陸的實體連接，是強調「一國兩制」中國家統一重要性的一個體現；第二，將香港盡可能直接地與珠江三角洲西部連接起來。

最後，我不得不遺憾地指出，在是否支持提供更好跨境連接、為更大的跨境需求服務這一點上，最大的問題並不在資本投入，而在政治認同。最近一位任教於香港大學的老師告訴我，他在關於交通運輸的課堂上問，有多少個學生去過日本，20 個學生都舉起手；問有多少個學生去過泰國，也有超過半數學生舉起手；問有多少個學生去過中國大陸，舉起手的只有三個。相反，我在深圳的講座上問在座的聽眾有多少人去過香港，結果全部舉起手。這小小的觀察說明，雖然 2019 年平均每天跨過港深邊界的人已經高達 65 萬，但仍然有很多香港人從沒踏足大陸。從這些人的個人角度來看，似乎沒有理由支持把陸路連接中國內地的通過能力和方便程度進一步提高。這也是不少人反對「一

地兩檢」的根本原因——對於他們，「一地兩檢」與「兩地兩檢」並無分別。然而，如果站在香港居民甚至邊界兩側居民的立場上，通關的效率、陸路的通過能力和前往深圳以外更遠的內地城市的方便程度，對香港都是利大於弊。

參考文獻

Wu, Qitao, Jie Fan, Hongou Zhang, and Yuyao Ye (2017) "The Spatial Impacts Model of Trans-strait Fixed Links: a Case Study of the Pearl River Delta, China", *Journal of Transport Geography*, Vol. 63, pp. 30–39.

第五章

對外交通與香港物流業
的轉型

本章摘要

　　本章是本書最短的一章。香港具有「海空雙港」、並長期作為地區運輸與國際貿易樞紐和通往中國門户的特徵。香港一度由於中國對外開放的有限性，擔起了中間人的大旗。但是，隨着周邊機場和港口的發展、中國大陸逐漸在地理上全方位開放，以及香港的租金和人工越來越高，香港正轉型為一個越來越輕型、越來越依賴空運、離岸貿易和在岸貿易混合式的物流中心。香港物流業如何應對這種形勢和跨境電商業務的挑戰？香港的跨境交通運輸基礎設施還可否為這種新形勢的全方位貿易和物流服務？

一、海空雙樞紐與毗鄰珠三角的地理位置為區域物流管理中心奠定基礎

為甚麼要在一本討論對外交通的專著裏，專門闢一章討論物流管理與多式聯運？這是因為香港能成為今天的「阿爾法 + 級」(Alpha+) 全球城市[1]，其中一個核心考量指標，就是該城市各種與全球相關聯的對外運輸聯繫度，特別是有否這樣的機場和海港，以形成一個多式聯運的網絡，甚至樞紐。香港作為全球最繁忙物流區域的交通運輸樞紐之一，其貨物運輸和相關基礎設施實在是全球物流行業和供應鏈的一個重要組成部分。

「物流」這個詞語來自日文中對英文詞語 "logistics" 的翻譯。英文中的 "logistics" 源於第二次世界大戰期間，美國（即盟軍）對軍需後勤服務活動的總稱，因此，原來中文的直接翻譯是「後勤」。其實從一定意義上來說，「後勤」這個詞語更能準確反映 "logistics" 的本意。《劍橋英語辭典》對 "logistics" 的解釋為："the careful organization of a complicated activity so that it happens in a successful and effective way"，即通過龐雜而事無巨細的輔助活動，把一件複雜的事情組織妥當。但是，「物流」成為今天中文世界更流行的詞彙，與其涉及的內容和行業不再被看作「輔助」有關。「物流」是一個不能顧名思義的詞語，若將「物流」僅僅理解為貨物的流通或流動，就等於替代了「貨運」，比如香港很多搬屋公司改名為「物流」公司，就是「物流」這個詞語最狹窄的定

1　此評級是由 Globalization and World Cities Research Network (GaWC) 評出。從 2000 年開始，這個由幾位世界著名學者牽頭發起的權威機構，開始根據城市多方面的競爭力作評級。目前評級分為 3 等（Alpha、Beta、Gamma）及 10 級。在 2016 年，香港被評為 Alpha+ 等級城市中的第二名，即在全球城市中排在倫敦、紐約（兩個 Alpha++ 級別城市）和新加坡（Alpha+ 城市第一名）之後的第四位。

義——貨運。這也是日文翻譯帶來的後患。當然，"logistics"這個詞語本身也過於寬泛，導致在很多場合中，大家討論的內容往往並非同一範疇的東西。所以，美國物流學會後來也乾脆改名換姓，叫做「美國供應鏈學會」，試圖以一個概念更清晰的詞語討論「物流」。採用供應鏈（supply chain），特別是全球供應鏈來稱呼自己的企業，就是強調自己乃一個從貨物（產品）的產地（或始發地）一直到產品最終消費地的管理。這種管理涉及貨物流動、資金流動及信息流動。也就是說，「物流」行業的經營內容應該包括上述三個流，而不僅是「物」流，而且是流動（包括倉儲）的組織和優化，甚至包括反向的回收流。這樣，貨物運輸就成了物流或者供應鏈的一個組成部分。

圖 5.1 顯示，產品從生產者生產出來後，通過貿易者之手，再經過

圖 5.1 典型的供應鏈中的物流與交通

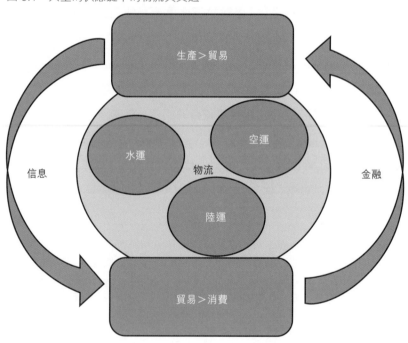

物流業串聯和某種運輸系統的組合完成實物轉移，最終送到消費者的整條供應鏈上各個環節。這個過程還包括金融服務（即支付）以及各種信息流通。當這個過程是跨國和多點的，就構成了全球供應鏈。這個圖用不同顏色區別了我們定義的物流角色：它是從生產方開始，串聯貿易、運輸、倉儲等各種環節，直至消費者的服務。由於倉儲和運輸有時候會由同一企業完成，物流在這個意義上涵蓋了運輸。正是這個原因，一些官方統計（比如香港政府統計處的統計）中，把物流業和運輸業歸為一類。常見對整體物流成本的考量，也往往包含運輸成本。對於物流服務使用者而言，物流包含運輸的思維也很正常。一家貨物代理（貨代）對貨運的服務，與一家旅行社對遊客的服務類似：你告訴我要去甚麼地方，我替你尋找和購買合適的機票、住宿、辦理旅遊保險，甚至簽證。所以，所謂「供應鏈」，即類似為遊客提供的一站式服務。

過去 20 年，供應鏈變得越來越全球化。根據美國研究者 Parag Khana 的觀點，經濟全球化 2.0 就是供應鏈全球化。而供應鏈全球化以後，形成了供應鏈地理。他將這點表述為 "connectography"[2]，或可翻譯為「聯通地理」。今天世界的改變，一條走向和平共處的途徑就是進一步互聯互通。香港之所以能夠被評為最高級別（Alpha）的世界城市，一個重要因素就是香港擁有世界級海港和樞紐機場所提供的高互聯互通度（connectivity）。這個高的互聯互通度與及毗鄰中國兩大出口產品基地之一的珠江三角洲，是互為因果的關係。香港的物流業除了服務本地，也成為服務對外貿易以至轉口貿易的重要支柱行業。

2　Khanna, Parag (2016), *Connectography, Mapping the Global Network Revolution*, Penguin Random House, USA.

圖 5.2　2015 年香港物流各業增值量及業內所佔比重

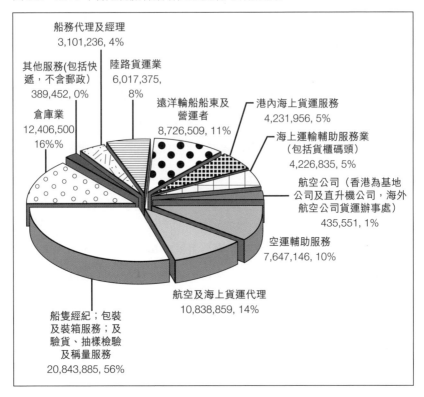

船務代理及經理
3,101,236, 4%

其他服務(包括快遞，不含郵政)
389,452, 0%

陸路貨運業
6,017,375, 8%

倉庫業
12,406,500
16%%

遠洋輪船船東及
營運者
8,726,509, 11%

港內海上貨運服務
4,231,956, 5%

海上運輸輔助服務業
(包括貨櫃碼頭)
4,226,835, 5%

航空公司（香港為基地
公司及直升機公司，海外
航空公司貨運辦事處）
435,551, 1%

空運輔助服務
7,647,146, 10%

航空及海上貨運代理
10,838,859, 14%

船隻經紀；包裝
及裝箱服務；及
驗貨、抽樣檢驗
及稱量服務
20,843,885, 56%

過去 10 年，香港物流業的變化也很大。圖 5.2 和表 5.1 分別列出 2007 年（政府開始有相關統計分類的第一年）到 2015 年香港物流業的增值量（value added）和就業人數的統計數字。這些數字所反映的一些情況在本書其他章節已經涉及，比如航空業和機場對香港對外聯繫，特別是貿易的重要性日益增加（第三章），海運業和港口的地位相對下降（第二章），以及陸路運輸逐漸與機場吞吐量同步（第四章）。但用較狹窄定義的物流業而言，也就是指圖 5.1 物流大圈中海運、空運和陸運三個圈外的部分，包括倉儲、貨物代理、速遞等傳統上不計入運輸業但與運輸和貿易直接管理的服務，圖 5.2 和表 5.1 便揭示了不少有用信息。

表 5.1 香港物流業分組別的就業人數（2007–2015 年）

行業組別	2007	2008	2009	2010	2011	2012	2013	2014	2015
陸路貨運業	28,566	26,733	34,355	36,722	35,764	33,947	33,914	27,857	32,128
船務代理及經理	7,777	8,437	7,764	7,653	7,777	7,370	8,222	8,027	7,959
遠洋輪船船東及營運者	3,731	3,759	4,299	4,546	4,754	5,104	8,222	8,027	7,959
港內海上貨運服務	1,561	1,559	1,074	1,219	1,036	878	798	775	716
海上運輸輔助服務業（包括貨櫃碼頭）	19,587	19,576	8,428	8,452	7,674	7,896	7,923	8,126	7,576
航空公司（香港為基地公司及直升機公司，海外航空公司貨運辦事處）	6,113	7,216	5,889	5,711	6,013	5,975	6,170	6,492	6,666
空運輔助服務	11,338	11,793	11,452	12,068	12,092	12,926	14,590	14,618	14,727
航空及海上貨運代理	37,506	36,666	36,120	37,195	35,591	34,449	33,094	33,525	31,469
船隻經紀：包裝及裝箱服務；及驗貨、抽樣檢驗及稱量服務	891	1,097	838	1,099	971	1,131	929	784	727
倉庫業	5,468	5,900	6,318	6,248	6,525	6,767	6,707	6,940	7,115
其他服務（包括快遞，不含郵政）	12,404	13,258	15,828	15,914	16,156	16,963	15,891	17,372	17,551
總計	134,942	135,994	132,365	136,827	134,263	133,406	133,185	129,401	131,629

資料來源：香港政府統計處。

首先，我們注意到速遞（快遞）業的就業人數增加雖然不多，但產值增加非常迅速。這是香港為數不多的「朝陽行業」。其次，我們注意到雖然與航空相關的物流收益成倍增長，海運相關增值緩慢甚至在個別年份（2008年）出現下跌，但相關就業人數的波動並不如想像中大。第三，類似情況是，香港的倉儲業隨着香港航空運量增加而產值倍增，但相關就業人數增加卻不多。

　　上述三個香港物流業變化高度相關，它們從特定角度反映香港物流業幾個重要的特徵：第一，由於越來越多貨物經過機場而非港口轉運，香港轉口貿易的貨值上升比貨量上升快，讓香港的物流業整體上受惠（假設物流業的附加值按照貿易值而非運輸重量收取）。第二，香港大量物流企業同時提供多種與運輸方式相關的服務，因此海陸空運輸之間貨運比例的轉變，變成了物流業企業內部的挑戰和調整。第三，快遞行業增長背後，是電子商務（特別是跨境電商業務）的增長。這部分業務大大提升了對倉儲服務、空運輔助服務、陸路運輸服務和抽驗服務的需求。

　　除了以上兩個基本特徵外，香港物流業還有一個重要特徵，就是以中小企業為主，而本土大企業極少。這對香港物流業要發展一個與其亞洲樞紐城市地位相匹配的區域物流管理中心，平添了不少困難。雖然我們看到有像利豐集團這樣從貿易起家的世界級供應鏈管理者，但從運輸倉儲起家的物流企業則僅有嘉里物流等極少數規模較大的企業。而在香港市場活躍度較高的多家大型物流企業，例如敦豪（DHL）、順豐、新加坡郵政、聯邦快遞（FedEx）等，都並非本地企業。雖然香港的中小企業有所謂「轉身靈活」，容易找到利基市場（niche market），但它們缺少長期穩定的市場，因此通常不願意在硬件上作出中長期投資，從而難以在利用先進技術升級換代、形成規模效益、加大市場覆蓋等幾方面與大型企業競爭。

2016 年，當國際級大型企業如 DHL、順豐等十分看好香港的物流業（特別是航空和快遞物流業）時，我在一個對香港物流企業的調研中，發現香港大多數中小企業都不太看好香港海港和機場未來幾年的前景。同時，他們對參與和投入電商物流也比內地企業謹慎得多。

表 5.2　2016 年對香港物流公司的小規模問卷調查：香港機場與港口的競爭力
回顧與展望

平均值	5 年前 (2011)	現在 (2016)	5 年後 (2021)
港口中轉	7.31	5.73	4.61
港口貿易	7.18	5.61	4.55
機場	8.20	7.22	6.53

註 1：最高分為 10，表示完美競爭力；最低分為 1，表示無競爭力。
註 2：樣本數為 49。
資料來源：作者本人的項目調研。

表 5.2 反映並不樂觀的看法，這是否說明香港的全球供應鏈角色有可能無以為繼，需要轉移至深圳、廣州甚至珠三角以外的地方？我認為，面臨重大挑戰和需要調整的，是這些企業而不是這個行業。我們發現這個行業中的非本地企業，例如順豐、遞四方 (4PX)、新加坡郵政、DHL 等，都在擴張各自在香港的業務；本地的大型企業，例如嘉里物流、大昌行等，也在提升自己在整個亞洲地區的業務。這一切都基於對香港開展國際物流業有利的兩個核心條件：自由港體系，和越來越大的中國對外貿易。在同一個調研中，我們也詢問物流公司他們認為對香港物流業競爭力至關重要的因素有哪些，表 5.3 列出他們的答案：

表 5.3　影響香港物流業競爭力的主要因素

	非常重要	相當重要	比較重要	重要	不重要
簡單的進出口手續	70.2%	19.1%	8.5%	2.1%	0.0%
強大的與內地夥伴合作網絡	61.2%	32.7%	4.1%	2.0%	0.0%
強大的與海外夥伴合作網絡	59.2%	38.8%	2.0%	0.0%	0.0%
開放與可信任的金融支持	57.1%	32.7%	8.2%	2.0%	0.0%
強大與透明的法制體系	57.1%	26.5%	12.2%	2.0%	2.0%
優等的海關服務	55.1%	28.6%	16.3%	0.0%	0.0%
全面的物流配套	53.1%	34.7%	12.2%	0.0%	0.0%
完善的國際貿易和法律的認知	53.1%	28.6%	18.4%	0.0%	0.0%
創新	49.0%	32.7%	16.3%	2.0%	0.0%
有開通利基市場的能力	40.8%	40.8%	14.3%	4.1%	0.0%
開拓海外新興市場多元化能力	34.7%	46.9%	14.3%	4.1%	0.0%

資料來源：作者本人的項目調研。

　　跨境電商物流業的迅速增長，特別是 B2C（Business to Consumer）業務的增長，又進一步壓迫香港物流甚至傳統貿易企業的生存空間。香港企業擅長 B2B，即傳統的企業到企業的貿易，即成為中間商或者地區批發商之後，逐漸發展成 B2B 全程供應鏈服務的企業。B2C 網上平台的貿易形式，打破了傳統「出口—進口—批發—零售」的模式。B2C 甚至所謂 C2M（即生產者根據消費者網上提出的要求定製產品）正在形成平台型直接面對全球消費者的新供應鏈。這些供應鏈的物流渠道也在起變

化：越來越多貨物採用小件空運方式。雖然這樣並不環保，但由於時效高，消費者也樂於選擇。香港這個空運條件極好的自由港，便成為了這種 B2C 供應鏈的理想中轉地。然而，空運到香港後進入中國的進口產品，有很大量經過「灰色渠道」。近幾年，每天都有大批人士在東鐵線的上水站附近取貨，用「螞蟻搬家」方式，每次一個拖箱，每天兩三次進入內地，將空運到香港的包裹，以個人物品的性質搬運到深圳，再經過內地物流企業登上深圳起飛的飛機或鐵路系統，運往最終消費者手上。

形成這種供應鏈奇葩，恰恰反映了香港是中國邊界上擁有最佳空運連接的高效自貿區，以及中國跨境電商物流需求日益增長這兩個現實。然而，「螞蟻搬家」方式也恰恰折射出，中國其他門戶城市開放程度不足所帶來的跨境貿易成本和效率差異。假以時日，中國內地進一步開放，或者出現更有效利用保稅區的跨境電商貿易平台（B2B2C）時，這種情況自然而然會減少。那麼，香港會否因此失去區域物流樞紐地位？

二、香港建設區域物流管理中心的優勢與劣勢

毫無疑問，香港的機場和港口，肯定是香港作為區域物流樞紐的兩個重要硬件支持。但是，隨着互聯網平台在金融、信息和貿易渠道的作用越來越強，「貿易—物流—運輸」這三個全球供應鏈的主要實體環節，完全可能部分地在地理上與供應鏈管理中心分開。這意味着一些以貿易為本的供應鏈管理企業，將把管理中心設置在香港，其中主要可能更多是因為這裏完善的法律環境、有效的政府、低廉的賦稅、充足的國際人才、方便的國際往來（航空）連接，以及暢通的信息渠道，而並非航運等物流條件。

今天，越來越趨向所謂「一站式平台供應鏈」，需要對應既靈活聰明又有規模的倉儲。表 5.4 比較傳統倉儲與零售電商專用倉儲的分別。

表 5.4 傳統貨倉與電子商務貨倉的差別

	傳統貨倉	電子商務貨倉
功能	簡單，基本倉儲	複雜，高周轉頻率
空間分配	較大的倉儲空間	較多的操作空間
倉儲設施	堆疊放	上貨架
搬運設施	鏟車配貨盤	籠欄推車
其他設施	少	多，包括輸送帶、條碼打印機、稱重器、掃描儀、監視器、分揀設備等
實體設計	要求不高，簡單	要求高，複雜
燈光系統	低	高
防火要求	低	高
物架間距	小	大（至少 11.5 米 × 25 米）
堆放空間	小	大
外部停車空間	小	大（至少 60 米）
運營特徵	簡單	複雜
貨品存放特徵	品種（SKU）有限，以箱為單位	SKU 多樣，以件為單位
進出貨週期	1–2 天	1–2 小時
進出貨量	每天 100–1,000 箱	每天 1,000–50,000 件
訂單變動幅度	輕微，一般為常量	變化急劇
工作程序	少，簡單	多，複雜，包括檢驗、稱重等
經營者鏈接	與倉儲業主	與多個持份者
人力投資	較大	較小
運營複雜性	——	多品種、多工序

它顯示電商倉儲更接近機場的倉儲環境，即對散件小包、多品類的處理能力要強。如果需要佔地面積不大，那麼在香港還可以找到，比如將天水圍附近的洪水橋區域一些傳統用來堆放空貨櫃的地方，改建成電商物流倉儲設施。

然而，要求高和複雜的倉儲設施，意味着需要相對大的經營規模和較長時間的回報週期，這對香港的中小企業構成一定的門檻。同時，目前香港大量用於倉儲的空間和物業，都處於政府「臨時用地」上，均屬中短期租用，沒有企業願意冒險投入大量資金進行改造。因此，雖然表面上將更多用地和傳統倉儲改變成電商倉儲似乎應是香港物流業自我提升的合理和必然出路，但事實上在香港很難找到較為合適的用地（大而集中）和本土經營者（大而有遠見、有市場）。香港有否辦法在政府的鼓勵政策、房地產企業與物流企業之間找到一條出路，通過某種財務和技術上的安排，使得中小企業可以共享和租用大型物流地產商的基礎設施？這雖然並非不可能，但費煞思量。

換一個角度來看，如果香港並不介意市場被非本土物流和速遞企業佔領（以前的港英政府似乎從未介意），那麼順豐、遞四方、DHL、新加坡郵政等中國內地或其他國家的大型企業進入香港，取代部分甚至大部分本地中小企業成為香港全球供應鏈服務商主角，似乎可能性更大。這樣，在香港將會見到一個向電商物流靠近的全球供應鏈管理中心，它可能由三部分組成：（一）世界級的運輸與物流基礎設施，包括香港赤鱲角機場和葵青貨櫃碼頭區；（二）由中大型非本地企業為主的跨國物流和速遞企業，包括 DHL、聯邦快遞、新加坡郵政、順豐、遞四方等公司，以及香港的嘉里物流等，聯合組成以空運為主、連接全球的物流網絡；（三）香港大大小小的全球供應鏈管理企業，負責為第一部分和第二部分提供支持和服務。

三、本章小結

本章作為全書最短的一章，旨在提出一個論點：即香港對外交通條件雖然非常優越，但在電子商務盛行的今天，香港由於相關企業規模不大，政府也一直缺乏正確和持續的相關政策扶植本地物流業轉型升級，香港的全球供應鏈和國際物流市場正逐步被非本地企業佔領。從歷史角度來看，這個過程有其必然性，一來因為香港特區政府繼續香港以往的小政府傳統，不可能短期內改變經濟行為；二來香港作為一個自轄城市，其自身的電子商務市場太小，不可能跟在中國內地龐大且發展迅速的電商市場中成長起來的強者競爭。

也許，主動支持並引導在國際和中國內地已形成競爭力的企業進入香港，強化香港以國際機場和海港樞紐為本的區域物流中心地位，是正確的選擇。在這個「餅」做大的過程中，香港本土的中小企業將一如既往主動尋找自己安身立命之處。香港特區政府應該制定清晰政策，鼓勵並運用精細措施，準確支持特定行業的發展方向。

參考文獻

Khanna, Parag (2016), *Connectography, Mapping the Global Network Revolution*, Penguin Random House, USA.

第六章

城市發展與交通樞紐
的多樣化重疊：
理論與實際

本章摘要

　　本章是本書比較理論化和相對獨立的一章。本章把香港視為一個個案，從理論上探討其城市發展與區域甚至國際交通樞紐之間的互動、重疊與矛盾。在世界上，有很多城市擁有海運樞紐、航空樞紐，及鐵路樞紐的功能，有些甚至以此種功能起家。但隨着城市本身的成長，或者樞紐本身的擴張，逐漸引發出各種問題。例如，如何處理機場能力不足的問題？是否增加第二機場甚至第三機場？還是在現有機場上擴充更多跑道的能力？還是利用同一區域其他機場的能力？就城市而言，這是完全不同的選擇，但從交通運輸系統經營者本身及其經濟效益而言，可能引發很不同的思路。又如，機場和港口甚至高鐵系統，可能需要大量初始投資，政府是否又如何在規劃、投資、建設甚至經營方面介入？雖然學術界對這類問題已有一定討論，但現實世界所提供的答案則多種多樣。這些現實答案深深根植於當地的政治、歷史、地理和體制等構成的特定環境中，是非難辨。本章通過一些相對簡單的案例比較和理性思考，希望從不同視角為讀者提供比較全面、客觀，而且超越香港個案的解讀。

一、理論探討的出發點：城市活動內容決定其對外交流需求

雖然早於 1973 年，就有社會學學者提出網絡城市的概念，探討城市內社會人羣的多層次網絡關係（Craven and Wellman, 1973），但把城市整體發展看成網絡社會的一部分，則是 1990 年代 Manuel Castells 的功勞（Castells, 1996）。在互聯網經濟如此發達的今天，理解這種有先見之明的深刻看法已經十分容易。城市人每天生活都離不開網絡，即便是遠在非洲某草原的放牧人，也有一邊放牛，一邊拿着手機與城裏人溝通的時候。我們見到越來越多研究，從網絡的角度揭示和解釋城市與城市的關係、區域與城市的關係、城市內部各地區的關係等，其中不乏著名學者和團體。

對社會的網絡分析成了熱點，說明大家明白可以通過交流活動留下的「流的痕跡」，去把握一個城市與其他城市的關係，或者城市內部不同地方之間的關係。有學者利用企業之間的聯繫來研究這種關係（Hall and Pain, 2006），也有學者利用手機或者出租車的移動以確定不同地區人員的流動和某些地點的吸引力（Long, et al., 2015）。雖然兩者都是「網絡分析」，但分析的網絡卻不同。Peter Hall 等人的城際（或者說區域）網絡關係的分析，是通過對企業的電話、人員交往、業務信息來往等交流（見本書序言）主體之間的關係。Castells 和 Hall 等的理論要義，就是強調把握了這種關係，就能把握城市、區域等空間發展的內涵。不過，這些分析並不需要回到現實世界的實體網絡（physical networks），比如鐵路網和公路網、機場和港口等，因為他們要回答的問題，重點在於為甚麼某類城市（比如倫敦和東京）能會有比其他城市（比如溫哥華和海牙）更強大的區域聯繫。交通設施雖然是支撐聯繫的基礎，但這些研究隱含地假設了這些設施是隨着需求而自動配合的供應，即使事實不一定如此。

那麼事實到底是怎樣？本書前面幾個章節按照海、陸、空三個運輸方式所分析的，就是香港的事實：這個政體上獨立的自轄城市，一直不斷地與深圳、整個珠三角甚至中國內地、亞洲周邊國家等談判、對接、配合（或不配合）、調整和適應。同時，香港必須不斷考慮內部網絡的發展與銜接。比如，葵涌碼頭到底是否需要鐵路連接；港珠澳大橋為甚麼接駁大嶼山而非屯門？到底是否需要高鐵？高鐵站為甚麼設在西九龍而非郊區的錦田？但僅僅談這些事實，並不足以揭示這個「香港模式」到底怎樣；它有哪些發展機制與其他城市相似或不同？本章希望總結這些機制，為其他城市提供借鑒，也讓自己作出反省。

香港通過服務其他城市或地區而獲得利益和增長。因此，香港對外交通系統應該與此配合和呼應。設想一下，如果不計成本，不考慮實施和運作的政治與行政等體制制約，不考慮帶來的環保和非經濟問題，而僅從功能上考慮，怎樣的系統最理想？我認為以下四個方面應可構成一個理想模式：

(一) 對外：有效地銜接其他城市、地區、國家的交通運輸系統。

(二) 對內：合理地連接城市內部交通系統，以配合內部土地利用和人員活動分佈情況。

(三) 規劃：動態地配合城市與外部交流的需求。

(四) 樞紐：通過交通系統的建設，提高香港作為區域樞紐的服務能力。

前面三方面可說適用於多數大城市，而第四方面則有一定的特殊性。不是每個城市都有機會成為區域樞紐。交通的區域樞紐，需要擁有相對中央的地理位置、主要運輸公司多年的投入與經營、跨越不同地理尺度、不同運輸方式的良好銜接。這些條件可能是該城市作為區

域中一個貿易中心長期發展出來的後果，也可能是海陸或者其他交通方式交匯接駁的結晶，還可能是單一大型運輸企業設立樞紐的作用。不論是哪個成因，一旦一個城市形成了區域樞紐，如何維持樞紐地位、發展樞紐功能，對該城市維持區域中心或者核心城市的地位，有着非常重要的意義。

如果將上述四方面聯繫到經濟效益、環境保護、社會公平等三個理念標準上，還有體制約束（包括在哪些環節實行市場化、哪些由政府控制和提供、本城市與周邊城市在體制上的關係等）和土地（空間）、投資、技術三個槓桿（leverage），可得出以下的系統發展要素關係圖（圖 6.1）。圖 6.1 中，每個關聯都有某種選擇，而每個城市都會因為自

圖 6.1　區域交通樞紐城市之可持續發展要素關係圖

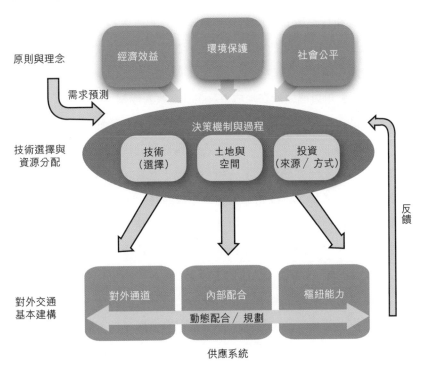

身的體制、條件、技術甚至意識形態，形成各自的模式，建立並維護該城市的對外交通系統。

在這裏特別要指出，區域中心城市與交通運輸樞紐是兩個不同的概念。一個城市作為區域中心，主要體現在其為整個區域服務的功能。這些功能可能包括政治、社會、經濟、教育、民生等各方面的服務；即在區域範圍內，該城市可能是唯一或者最高級別的城市，向整個區域提供較區域內其他城市更完善的重要功能和服務，而通過交通樞紐與其他地區接駁可以是其中一種服務。區域中心城市總是在特定行政關係中體現其中心性，或者說，大多數情況下其中心作用是在地理面上實現，而且有明顯的行政界線。從交通運輸樞紐的角度看，樞紐提供的服務，並不需要局限於對本城市和本中心所服務的區域，它提供的連接通常是線性的，並且因為不同的運輸方式，在地理上往往會跨越不同尺度和行政邊界。因為有不同運輸方式或者不同運輸公司的中轉接駁功能存在，樞紐所在地不一定是旅行者或者貨物的最終目的地或者始發地。這意味着一些人或者物品有可能在交通樞紐所在地停留期間，完全不用與樞紐所在地城市發生任何實質聯繫；或者正好相反，人或者物品因為停留而在該城市參與了某些活動。比如，一位途徑香港赤鱲角機場的日本友人，就曾經在等候轉機的幾個小時間，乘坐機場快線到西九龍圓方商城吃了一頓小籠包，之後才心滿意足地返回機場登機離開。又如，一些物品到達運輸樞紐後，可能完全不用開箱就被轉運到其他地點，而樞紐的作用就是兩個交通工具，比如中國沿海到香港的船，將貨櫃轉到遠洋貨輪運往歐洲。這樣，物品對所在城市的貢獻或者干擾，僅限於港口與航道水域。

一個城市在兩種情形下，會被視為交通運輸樞紐：一種情形是因為流量規模大而被認為是樞紐，特別當它有多個運輸方式銜接區域內外。這是從地理角度所定義的樞紐。另外一種情形是運輸企業將這個

城市作為自身或者聯盟的區域樞紐。比如，美國聯邦快遞（FedEx）就把廣州新白雲機場作為亞洲樞紐。這種樞紐是企業採用軸輻樞紐（hub and spoke）網絡結構的核心功能部分。因此，這是從運輸網絡功能上定義的樞紐。對於將某城市作為樞紐的運輸企業，特別是具世界規模的企業，一旦確立了選擇，是否轉移到第二個地方主要視乎轉移的成本效益。如果這個城市是其大本營（home base），比如香港赤鱲角機場之於國泰航空、路易斯維爾國際機場（Louisville International Airport, SDF）之於聯合包裹（UPS），那麼這些企業的投入便會遠遠高於其他非大本營機場，因為它們會把很多僅需要在總部完成的業務都集中在這裏。這很可能也意味着，公司大本營級樞紐所覆蓋的區域，從其功能上看會較其他樞紐更大。而其與總部相關業務方面的投入，也讓該樞紐搬遷的機會很低。相反，對於本地企業或可能為本地製造大量就業的非本地企業，有關政治力量可以很強大。例如，香港不論是政府還是社會，整體上對發展本地航空公司的支持度很高，而美國路易斯維爾市（Louisville）也一直強力支持 UPS 在當地建立大本營。

不過，在市場需求比較大的區域中，往往會出現超過一個樞紐覆蓋一個區域的情況。同時，從市場行為角度來看，不同運輸公司利用不同城市作為區域樞紐，對使用者也很有利。比如，美國五大湖地區出現不同航空公司分別選擇芝加哥和密爾沃基作為本區樞紐就是一例。在大珠三角地區，敦豪（DHL）向來以香港國際機場作為本地區的大本營，聯邦快遞在 2008 年遷離菲律賓蘇比利灣，進駐廣州花都新白雲機場，聯合包裹隨後以深圳寶安國際機場作為樞紐，也是同一道理。

就不同運輸方式而言，經營運輸網絡的企業對樞紐的投入和被鎖定（locked in）的程度並不一樣。鐵路樞紐一旦建立起來，變動的可能

性極小，因為其硬件設備（如站場、信號系統等）的投入極大。即使是實行所謂「上下分離」運營體制的國家，樞紐站一旦建立了，變化可能性也極低。整體而言，這種空間相對固定的情況，除了與技術特徵有關外，相應高壟斷性的經營方式也進一步鎖定了樞紐的選擇。航空樞紐也相對比較難遷移，雖然不如鐵路鎖定得那麼厲害。一家具規模的民航公司將一個機場作為區域樞紐（hub），需要很謹慎和周全的推敲，以令整體網絡具競爭力而且達到規模經濟效益。Hub and spoke 的網絡組織形式本身要求在每個主要市場都設有樞紐。如果航空公司在樞紐機場能集中在特定甚至專用航站樓中操作，不僅可帶來管理效益（包括各種飛機地勤服務），也會因為乘客轉乘的便利而提高公司的競爭力。有些機場將某個航站樓交給單一航空公司專營，也是機場甚至城市鎖定該航空公司的措施。一旦簽訂了這種專營權，也就基本鎖定了該航空公司以此地作為樞紐。

　　相對於鐵路和航空樞紐，航運班輪公司的海運樞紐比較容易遷移。一方面，由於很多港口基礎設施與一些國家統一的鐵路系統不同，並非運輸網絡運營者班輪公司的投入，而是由當地政府投入土地、碼頭公司租用土地並投資設施和經營，班輪公司與碼頭公司的關係，有點像陸路的貨運車隊租用停車場。班輪公司需要通過不一定是它們內部或者下屬的貨物代理在各地攬貨，所以壟斷一個地區貨源幾乎不可能，故很少見到單一班輪公司獨立使用一個大型港口。水運的對象基本上是貨物運輸，這與以客運為主的航空運輸正好相反。因此，在全球化過程中，海運的需求格局演變、周期波動、季節變化等，與全球經濟起伏以及供應鏈不斷重新分佈息息相關，這種起伏和調整往往比以客運為主的空運更大。船公司除非十分肯定一個港口可以在未來十年或者更長時間內保持貨源穩定增長，否則一般不會貿然投資某個掛靠的港口和碼頭。當然確實有這樣的港口，比如上海、安特衛普等，這些

港口被船公司長期看好，在某個新碼頭區（比如上海洋山港區）剛興建時就會參與投資。以今天的技術來看，在有深水條件和其他地質條件滿足的情況下，新建一個大型碼頭已不再是甚麼難事，關鍵在於是否有人願意投資。如果船公司不投資而地方政府卻願意支持本地碼頭企業投資，則班輪公司當然樂見其成。在一個區域內增加一個新大型港口，最大的受惠者就是船公司。理論上，地方政府在這方面的補貼，完全可能導致一些船公司把其樞紐功能轉移到租金更低的新港口，只要新港口與現有樞紐的腹地相同便行。例如，馬來西亞的丹戎帕拉帕斯港挑戰新加坡港的單一樞紐港地位、廣州南沙港挑戰香港葵青港的單一樞紐地位，都是這樣出現的。

除了基礎設施投入大小和專用程度高低這兩個因素外，行業本身的集團化影響也是越來越重要的因素。所謂「集團化」，是指在運輸行業存在跨越運輸公司的聯盟，或者通過參股或者控股滲透其他公司這兩種情況。這可導致集團式的協同經營出現。聯盟（alliance）首先在世界民航市場出現。1997 年，星空聯盟（Star Alliance）成立，之後又有Sky-Team、寰宇一家（One World）等航空公司聯盟跟風。空運聯盟是一個重要的跨航空公司鬆散型經營組織，成員通過協商一同分享信息和資源，在更高層次上實現很多以往單兵作戰時不能獲得的效益。比如，通過代碼共享（code sharing），可以合併各成員公司的重複航線，增加成員公司飛行時間表上的飛行頻率、飛行時段的選擇，以及飛行線路的選擇，從而使每個成員公司的網絡覆蓋和航程安排更具競爭力。同時，各航空公司仍然可以用不同航空公司名義，甚至不同價格吸引乘客，提高每架由多家航空公司共享的飛機之滿載率（load factor）。聯盟成員之間在其他方面的合作和分享，還包括地勤服務、飛機維修、市場推廣等。這樣，一個較大又較貼身的分散型管理聯盟，就能讓所有成員都享受比過度競爭更合理的「競合」（co-petition）市場參與狀態，

即他們既能在需要實現規模效益的方面實行合作，同時又能在需要獨立核算和經營的方面（比如定價、提供服務種類等）按照各自的選擇實行管理。

這種聯盟在 2005 年開始也在海運中出現，而且正不斷演化。到 2016 年 7 月，四個強大的航運班輪公司聯盟（Global shipping alliances: 2M、Ocean Three、G6、CKYHE）形成，全世界 80% 的貨櫃運量已經集中在這四個聯盟手中。類似空運，當聯盟成員班輪公司實行倉位共享（slot sharing）時，成員公司的水水中轉樞紐（比如香港和新加坡），就可以看作是整個聯盟的樞紐。該樞紐的軸幅（hub and spoke）功能將得到加強。有意思的是，在沒有形成這些大型公司聯盟之前，業界一般認為軸幅樞紐系統與點對點直航（point-to-point）模式是兩個不同的經營戰略，相互之間是矛盾的，也是互補的：前者節省了樞紐的興建，使得運輸公司可以用比較低的成本完成非常多的點對點連接。雖然它可能犧牲了使用者部分時間（中轉換乘的接駁時間），但後者點對點直達，費用較高，卻可以滿足願意花錢買時間的使用者。從理論上看，聯盟的形成和發展不僅增加了中轉樞紐的使用率，也為直航航線的合理化提供了依據，原因是網絡型企業的聯盟會在更大尺度和規模上協同各自的航線，包括把這些聯盟成員覆蓋的非樞紐站點（海港或者機場）的直航航線合理化地分配。例如，本來從香港直飛芬蘭赫爾辛基的需求並不大，可能導致票價較高或每週飛行次數較低，但因為芬蘭航空公司是某聯盟成員，它可以在香港和赫爾辛基兩端接駁聯盟其他成員航空公司，使得這段直航同時是其他乘客利用 hub and spoke 系統飛行的其中一段（比如從香港飛往歐洲其他城市，或者從赫爾辛基經香港飛往東南亞某地），從而提高香港—赫爾辛基直飛的頻率，降低成本或票價。

現實中還有另外一方面的協同，就是經營交通節點（機場、碼頭等）

的企業，對區域內超過一個節點投資甚至控股。在討論香港貨櫃碼頭時，我已經解釋這個地區內非常複雜的產權結構：多個企業包括和記黃埔、招商局、迪拜世界、PSA 等世界級貨櫃碼頭經營商，都直接或間接地擁有這個地區的碼頭經營權。其中和記黃埔、招商局、PSA 都控股或者持股香港葵青碼頭之外的另外一個甚至兩個碼頭。和記黃埔是深圳鹽田港的第一大股東；招商局是蛇口港的第一大股東，同時已經投資廣州南沙港最新一期碼頭建設；新加坡國企 PSA 在 1990 年代就投資廣州黃埔港，後來又整體擁有和記港口集團 20% 的股權，間接擁有所有和記黃埔在香港和深圳的碼頭。因此，雖然深圳、廣州兩地的港口有政府背景的企業控股或投資，但仍然可從企業行為角度看到一個「你中有我，我中有你」的局面。它體現的也是一種競合關係。

以上的討論主要圍繞企業行為和市場選擇。但從之前幾個章節可清楚知道，政府的干預無處不在，即使可能因為政治和經濟制度不同。比如，香港是所謂「積極不干預」型的資本主義體系中比較典型的小政府，而周邊的深圳、廣州以至高一級的廣東省政府，都是積極參與型政府。在內地，儘管改革開放已 30 多年，但被稱為「威權模式」的部分在很多經濟領域上仍然屬於主導（鄭永年，2011），它體現的就是政府主導。城市對外交通系統的建設屬於政府，或更準確地說是多級或者多方政府參與和干預的領域。為甚麼政府在這個領域有參與和干預權？第一，是因為這裏有一個「跨」字：對外交通包括城市與城市、地區與地區甚至國家與國家之間的連接。沒有政府的參與，與其他城市、地區和國家的直接對接是不可能的（Xu, J. and Chen, Y., 2014）。第二，改善對外交通聯繫是確保城市完好生存的基本要素。市政府有責任而且必須有預算來維護和改善這個系統。因此，在這個領域中，小政府還是大政府的差別並不在於干預與否或參與與否，而在於干預的程度和參與的方式。

二、關於政府的參與和干預

那麼，究竟政府必須在哪些方面參與甚至干預？香港政府與周邊省市政府以及國家政府，在這些環節與方面的行為和制度有哪些差異？我認為政府必須或者可能參與的對外交通系統建設，包括以下五個重要方面：

（一）管理交通空間（空域、水域、陸域）；

（二）制定運輸設備與設施的標準；

（三）參與運輸設施的投資、建設和改善；

（四）掌握運輸節點營運企業的控制權；

（五）培育及扶植本地網絡型運輸與物流服務企業。

在這五個方面中，香港與周邊城市在前面三個方面有一些類似介入方式。表 6.1 簡潔地列出了香港、深圳與廣州在這五個方面的相似與不同之處。該表顯示，香港與附近兩個主要交通樞紐城市的分別，更體現在後面兩個方面。這些差別值得在此進一步討論。

首先是關於城市政府是否掌握運輸節點運營企業的控制權。這主要是指對機場和海港經營者的控制。鐵路站場作為鐵路網絡硬件的一部分，是與鐵路運營商經營的，並不從網絡經營中單獨分離出來。而香港與本地區的其他城市情況類似，即不存在所謂「上下分離」的情況，即鐵路基礎設施的經營與可移動的車輛系統分開經營。香港的機場從第二次世界大戰以後，一直都是由民航處（1946-1994 年）和機場管理局（1995 年至今）這兩個政府下屬部門或公營企業管理與經營。機場作為正式國際交通門戶，由政府管理、政府下屬企業經營可說非常自然。但綜觀全世界，民營化管理的機場絕對不只一兩個，比如英國利物浦機場

表 6.1　香港及廣東省的深圳、廣州兩市的政府在交通運輸領域的角色

	香港特別行政區	深圳市	廣州市	廣東省
管理交通空間(空域)	香港航空交通管理部負責在國際民航組織所指定的飛行情報區內提供航空交通管制服務、航空資料服務及飛機事故警報這三種服務	深圳空管站隸屬中國民用航空空管中交通管理局的分局之一：中南空管局。其主要負責組織對轄區內民航空域使用和空中交通管制、航行情報運行和安全實施監督管理	廣州空管站隸屬中國民用航空局空管中交通管理局的分局之一：中南空管局。其主要負責組織對轄區內民航空域使用和空中交通管制、航行情報運行和安全實施監督管理	中國民用航空中南地區管理局，隸屬中國民用航空局空管中交通管理局。其主要負責空中交通管理局。其主要負責擬訂空管制度及標準、實施民航局制定的規劃、監管空管系統並研究開發空管新技術
管理交通空間(水域)	香港海事處。其主要負責香港一切航行事務和所有等級、類型船隻的安全標準	深圳海事局。其主要負責一切航行事務和所有等級、類型船隻的法律事宜及安全事員	廣州海事局。其主要負責一切航行事務和所有等級、類型船隻的法律事宜及安全事員	廣東海事局。其主要負責轄區內水上交通及港口行政管理事宜、船舶及船員監管等
管理交通空間(陸域)	香港運輸署。其主要負責道路運輸的規劃、監管、服務及管理，同時負責聯繫政府及運營商	深圳市交通運輸委員會。其主要職能之一為負責道路、隧道、標誌等交通設施的管理。深圳市公安局交通管理局，其職能之一為負責道路運輸監管	廣州市交通委員會。其主要職能之一為負責道路、隧道、標誌等交通設施的管理。廣州市公安局交通管理局，其職能之一為負責道路運輸監管	廣東省交通廳。其主要職能之一為負責道路、公路、收費站無線電等管理工作。廣東省公安廳交通管理局，其職能之一為負責道路運輸監管
制定運輸設備與設施的標準	香港規劃署。制定《香港規劃標準與準則》及《運輸規劃及設計手冊》	深圳規劃和國土資源委員會/深圳市交通委員會/鐵道部/中國民用航空局	廣州市規劃和國土資源委員會/深圳市交通委員會/鐵道部/中國民用航空局	廣東省交通廳。一為指導、監督交通行業技術標準和規範的實施
參與運輸設施的投資、建設和改善	香港政府參與投資香港機場、地鐵、鐵路、道路（除東隧、西隧等）及橋樑等交通基礎設施	深圳政府參與投資深圳機場、地鐵、道路、橋樑及港口等交通基礎設施	深圳政府參與投資廣州機場、地鐵、道路、橋樑及港口等交通基礎設施	廣東省政府審批廣東交通基礎設施的投資及參與部分基礎設施建設的投資
掌握運輸節點營運企業的控制權	香港政府不控股國泰航空、葵青貨櫃碼頭運營商，以上公司均為私人企業	鹽田港由深圳政府控股、深圳機場由深圳政府控股	南沙港由廣州政府控股	廣東省政府控股廣深珠高速廣州白雲機場
培育及扶植本地網絡型運輸與物流服務企業	國泰及港龍東方海外航運公司（OOCL）均為私營公司	深圳航空由中國南方航及深圳國際（深圳政府控股）控股	中國南方航空由中國資控股	珠江船務企業有限公司和廣東省鐵路建設投資集團有限公司均為廣東省政府下屬企業

資料來源：作者根據相關政府和企業網站收集整理。

目前就是由 The Peel Group 經營；溫哥華機場管理局下屬的 Vantage 機場管理集團也在歐美經營着九個（2015 年數字）機場或者航站樓。2008年世界發生金融海嘯之前，香港機場管理局也一度考慮上市，雖然保留政府主導，但還是可以將其股權市場化，達到吸引資金的目的。

　　機場與港口作為所謂「戰略產業」，是否應該私營化一直存在爭議。私營化的理據主要有三個：提高經營效益、增加回報以減少政府財政負擔，和增加資本市場流動性。一般認為，競爭較充分的製造業私營化效果比較明顯，因為公營公司或者國企最大的弊端，就是在這種產業中較易出現經營效益與管理者脫鈎問題。但在有一定壟斷的產業或者有比較重大外部效益的行業，私營化的效果則頗有爭議。機場和港口就是屬於這種私營化效益說不清的行業。這裏可能存在很多導致私營化效果不顯著的原因。有學者（Gong, et al., 2012）通過對亞太地區機場與港口私營化的經驗和教訓，總結出以下幾點，值得注意：第一，港口和機場都有其本城市和本地區的歷史沿革，因此，直接比較不同國家的機場或港口本來就不太合適。第二，私營化也有很多種，而且需要時間考察。至今為止，尚未有比較嚴格和完整的數據能用足夠長的時間序列，比較私營化方式基本一樣的機場或者港口。在港口經濟學者中，包括以上論文的作者之一，都是市場經濟信奉者。但經過對現有文獻的綜述，卻注意到不少港口和機場（特別是機場）嘗試私有化或者部分民營化，但並沒有研究可以證實民營化後獲得多少成功。同時，民營種類方式很多，以致很難直接比較。的確，如果看看香港葵青碼頭，它是基本私營化的，政府除了提供土地外，主要提供周邊連接的基礎設施和由海事處提供海事管理和服務，比如領航。香港這樣一個世界級大港口甚至沒有港口管理局。香港的港口發展委員會僅是一個提供戰略發展策略和協調碼頭經營商的準政府機構。這樣的設計和設置在全世界有這麼大港口的城市中獨一無二。在碼頭層面上，香港葵青由不同公司經營，而每個經營者背後

可以是多家公司參股和控股的（見第二章討論）。如何將其經營效益直接與部分民營化的港口，比如在中國內地股票市場上市的深圳鹽田港作比較？又如何與既有強勢地方政府各種補貼和支持，並以上市公司形式控股多個長江中上游港口的上海港口集團作比較？

Gong 的文章還注意到一個私營化機場帶來的問題，那是機場或者港口這些戰略性交通設施的外部性。他認為，私營化可能會帶來較大的社會負效果。但他的分析還是局限於運用經濟指標衡量的效果，比如更多人失業。我認為，之所以很多國家（比如泰國、新加坡、中國、日本）對關鍵機場（泰國的 8 個主要機場全部由政府管理和經營）和港口保持國家的控制和主導權，主要不是出於單一或者中短期經濟效益的考慮，而更多是出於政治和長期利益的考慮。關於這點，Oum 等人在更早時對於 116 個機場的比較研究中也發現，大都市的機場由於有各級政府的參與或者干預，即便是所謂私營化，也很難取得如其他一切行業私營化那種明顯效率的改善（Oum, Adler and Yu, 2006）。這其實從另一方面說明，從與城市的關係上看，機場與港口在很多方面並不一樣。第一，機場在軍事上更敏感並且直接涉及空域管理的問題，而海港和水域則完全可以把軍事港口通道與民用港口航道分開；第二，從恐怖襲擊到政權維護，機場作為快速的人員進出門戶，遠比港口敏感。在更近期的研究中，Offord（2016）為歐盟撰寫關於非歐盟國家機場所有制的報告，則更強調企業化機場的運作而不是私有化，似乎更有道理。

從長遠發展角度來看，不論是機場還是港口，由市場主導發展與由政府主導發展最大的不同就是投資前瞻性。在一個貨櫃港口從起步階段進入成長階段以後，港口的發展與其服務對象便成了雞和蛋那種無法分誰先誰後的互相促進關係。當港口由民營企業（特別是專營碼頭的企業）運作時，它們會傾向在擴張能力時比較保守。如果是政府管理下的公營企業主導，會因為考慮帶動本地區或者本城市的其他產業和

整體經濟的發展總目標，而傾向比較進取。例如，新加坡港在新加坡港務局管理下，幾十年來一直奉行一種保持一定剩餘碼頭吞吐能力的超前發展模式。相比之下，香港政府曾經執行過所謂「觸發點機制」，即當實際吞吐量達到整體碼頭吞吐能力八成時，就開始建設新泊位。然而即便是這個相當「中性」的原則也悄悄不見了，原因就是奉行「小政府」，在整個港口由私企經營、也沒有產業政策的情況下，香港缺乏一併考慮港口和城市經濟的前瞻性。當然，這樣一個城市或者一個經濟體是否需要產業政策，就一併成了問題或者說爭論的一部分。

這恰恰是接着要討論的另一個需要關注的方面，即一個成了交通樞紐城市的市政府，是否需扶植「自己的」網絡型運輸企業，比如航空公司或者遠洋班輪公司。從微觀經濟學理論角度來看，找不到任何理論和理由支持政府要這麼做。但現實中則看到不同的情況。從香港的水運業來看，雖然有東方海外這家香港本土航運企業，但香港的港口從來並非靠它起家，也沒有靠它成長。同樣，深圳過去 30 年迅速的港口發展，也沒有依靠任何深圳本地船公司。然而，在空運方面，香港、廣州、深圳各有以自己城市為大本營的航空公司，而且它們對本城市的機場能成為世界級或者區域級重要機場，有着重要貢獻。

表 6.2　2017 年粵港澳大灣區三個主要機場本土航空公司航線數量及比重一覽表

	香港機場	深圳機場	廣州白雲機場
大本營航空公司	國泰航空	深圳航空	中國南方航空
總航線數量	154	141	196
大本營航空公司航線數量	98	55	121
大本營航空公司航線 / 總航線比重	64%	39%	62%

資料來源：三個相關機場官方網站。

在世界範圍也有類似的現象：荷蘭和比利時這兩個國家分別擁有歐洲最重要的港口鹿特丹和安特衛普，卻沒有自己的大型船公司；而歐洲最主要的空運樞紐，例如法國巴黎、荷蘭阿姆斯特丹、德國法蘭克福等，都有本國的主要航空公司為大本營。這背後體現了港口與機場所涉及海運與空運市場的發展過程中一個重大差別：國際航空市場在以國家為單位的雙邊協議（bilateral agreement）上建立起來，它要求簽訂協議雙方同時向對方的航空公司開放航權；而海運則不然，因為國際海運市場半個世紀以來都由少數海運大國的大型班輪公司，或者它們主導的航運聯盟控制。換言之，國際航空市場在沒有形成完全開放航權的情況下，其市場有更多具限制的遊戲規則，這些規則對地區或國家級別門戶型樞紐城市發展其自身的民航業有利，而同樣情況並不存在於海運市場。這個國際民航市場才有的特性，為自己擁有獨立航權的經濟城邦航空公司，例如香港的國泰和新加坡的新航，帶來了莫大好處。而在常年與國際市場的競爭中，有自己航空公司、同時又是區域空運樞紐城市，便會因為以本市為大本營來實行的 hub and spoke 經營策略，為所在城市帶來額外增值活動的機會，也能為大本營機場帶來規模經濟效益。令人遺憾的是，至今還沒有研究證明，是否效益好的機場通常都擁有以該機場為大本營的本地航空公司。不過有一點卻有很多案例和數據證實，那就是凡成為了主要航空公司大本營基地的機場，都有越來越多中轉活動。這些中轉活動為機場帶來收益，也為所在城市帶來更高的外部連接度，包括到其他主要城市的飛行頻次和更多目的地。這些大型基地航空公司（home-based airlines）並不一定是「本土」或者本市長大的，但從就業機會和對本地經濟和機場的貢獻而言，一定相對比非基地公司大。也就是說，市政府支持這些航空公司，原因未必是這種交通網絡型公司是本土的，而是它們把本市作為基地的做法會為該城市帶來各種好處。

換一個角度來看，也可以把這樣的基地航空公司和樞紐機場放在一起，把民航業看作是這個城市的「支柱產業」。當城市的進一步發展需要高度依賴其對外交通時，難道民航業並不類似一個支柱產業嗎？只不過是傳統經濟學不把運輸（特別是客運）看作生產性的產業罷了。然而，當今越來越整體化和全球化的經濟，服務性產業和生產性產業的界限越來越不容易分開，而運輸以製造「位移」這種產品的產業，在百多年前馬克思的再生產理論中，也不知該歸為服務業還是製造業，因為它的「產品」——位移，並不是一種可有可無的輔助服務，而是確保位移的物品或者人員，可以在目的地實現其使用價值的關鍵環節。

空運在運輸方式中屬於高端，它昂貴但快捷。它雖然不能像高鐵那樣，一趟列車就可以有很大的載運量而且更環保，但其靈活的運能、快速跨越海洋和到達複雜地形地點的能力，是任何其他運輸方式都望塵莫及的。因此，作為「支柱產業」，它特別適合服務於一個以人員有效流動、與外部世界廣泛連接為本的經濟體。有賴航空連接的行業包括旅遊、金融中心、會議與展覽、企業區域總部、高端物流服務（高附加值產品或者樣品）等。

清楚民航航空公司和機場與本地政府以及經濟的關係後，以下再看看海港。如以上所述，由於沒有規定國家之間關於航權這類規範航線和航空公司在它國市場准入的那種歷史演變，理論上不存在「基地」班輪公司。當然，一個大班輪公司是否把一個港口看作特定區域的樞紐，影響同樣可以很大。但與海運對應的產業與空運有極大分別，前者是以物流特別是大宗貨物和定時運輸的貨物（time-definite）為主，而後者則以客運加上搶時貨物（time-sensitive）為主。港口與其相關產業的關係，還可以進一步分為一體化和互動型。所謂港產「一體化」類型的產業，是那些需要自己的泊位產業。它們通常傾向於在海邊設立，例如石化、電力、鋼鐵大型聯合企業，還包括原油倉儲，從泊位到管

道或者鐵路，通常都有自己的系統。與港口「互動型」的產業，指的是使用貨櫃裝運和使用貨櫃碼頭的各類加工企業，它們製造中間產品或者最終產品，或者做分裝分包；最終產品指家具、電器、製衣、造紙、食品、玩具等，半成品比如塑膠顆粒、零部件等。當這些產品採用傳統貿易渠道，向主要銷售商批發，或者將零部件或者半成品定期運往下游企業時，理想的運輸環境就是附近有航期頻密的貨櫃港口，這對於全球化的產銷更是如此。因此，它們的選址與發展會與貨櫃港口形成互動，即港口的船期越好，就會有越多的企業在附近聚集；而有越多這種全球供應鏈上的企業，船公司也會因此增加受惠，而能夠並願意提供更好的服務，以促進本港口業務進一步增長，最終導致該港口城市及附近地區的產業更多聚集（王緝憲，2010）。

　　曾經有研究指出，港口發展規模與城市規模有多種組合的可能（Ducruet, 2007），有小城市大港口（如法國勒阿弗爾〔La Havre〕、中國連雲港）、有大城市小港口（如重慶）、大城市大港口（如香港、上海）、中等城市大港口（如鹿特丹、青島）、大城市中等港口（如南京）、中等城市中等港口（如溫哥華、馬賽），當然，還有小城市小港口的情況。該文章也探討了港口規模與城市規模的增長互動關係。但是，鮮有文章同時探討港口與機場的相互關係，因為上一段就提到，兩者運輸和處理對象不同，似乎沒有探討必要。不過，如果我們的關注點不在港口或者機場本身，而在兩者與其所在城市的關係，則會有所不同。兩者都是所在城市對外交流的通道，雖然功能不同，但它們的發展一定會反映、促進或者限制所在城市對外交流的內容與整體特徵。如果這個城市發展軌跡的變化比較顯著，那它一定會在對外交流的內容上反映出來。

　　讓我們以香港的商品轉口貿易為例，作一個簡單的解釋。商品轉口貿易體現了香港作為中轉樞紐為地區貿易服務的角色。從圖 6.2 的數

圖 6.2　香港分運輸方式處理的轉口貿易額及 GDP 增長的關係（1992–2017）

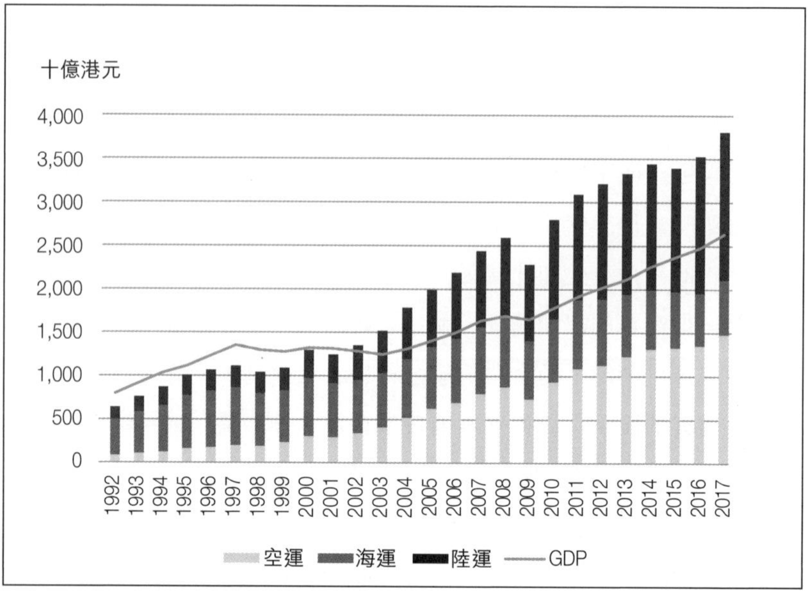

十億港元

（圖表：空運、海運、陸運、GDP，1992–2017）

字可以看到，香港轉口的實物進出，需要用海、陸、空三個方式處理。從 1992 年到 2017 年間，各個運輸方式所處理轉口貿易額的比例有實質性的改變。1992 年時，海運完成的轉口商品貿易額佔 64%，陸路（14%）和空運（23%）加起來也不過剛剛超過三分之一。而近十年來，空運完成的轉口貿易額已經超過海運，2017 年已經處理了總額的 45%。同時，陸路完成的部分也上升到 39%，而海運跌到 17%。值得注意的是，從 2000 年前後開始，空運和陸運的比例同步上升。而且也是從這個時間開始，轉口貿易額的總量上升幅度超過了 GDP 上升幅度。這些變化說明了幾個問題：第一，香港對海港和海運的依賴程度下降，對空運的依賴程度上升。第二，空運與陸路運輸對貿易的貢獻上一致度很高，說明香港機場今天已經轉變為區域貨運和貿易服務的重要樞紐，香港

越來越重要的供應鏈服務中心地位，來自於其強大的機場能力、國際航空網絡的連接度，以及珠三角的製造業和區域需求。第三，在這個轉型過程中，香港 GDP 的上升曾經一度不及轉口貿易額的上升速度，但自 2010 年開始，其增長幅度便與轉口貿易增長幅度漸趨一致，說明香港的經濟因為對轉口貿易依賴，在另一個層面回歸，出現與區域經濟同步的趨向。

本質上，這種轉變的必然性，在於城市功能「升級」所帶來的對外交流內容的轉變。從這個意義上，像香港這個城市可以繼續同時擁有一個世界級海港和一個世界級機場是很少見的。在歷史長河中，兩者並行只會是很短的幾十年時間。上海目前就處於這個時期，而且是兩者都在上升的時期。不過，上海的情況與香港不同，在於上海實際上把自己的超級大港建設在距離其 100 公里之遙的浙江省嵊泗縣的小洋山島。而深圳的鹽田、蛇口等港區離開香港的陸路距離都僅是 20 至 40 公里，而廣州南沙港到香港的水上航線距離也不過 85 公里。也就是說，上海在同時擁有超級港口和超級機場的今天，其港口已經開始「區域化」，離開了原來意義上的上海市。

港口的區域化、外遷甚至萎縮，總體上有三個主要原因：一是由於當今的船隻越來越大，對碼頭前沿和航道的水深要求越來越高，特別是樞紐港。以目前已經建造的遠洋貨櫃幹線船隻而言，18,000 至 23,000 標箱（TEU）的船隻滿載的吃水已經達到 17 米以上，長度達 400 米，即等於四個足球場那麼長，或者相當於香港國際金融中心高度。現在已越來越難找到能容納如此龐然大物的天然良港。二是出現產業升級的城市，依賴製造業的時代過去後，靠海運大批為出口加工進口的原材料，連帶之後的出口產品數量都在下降。三是原來港口所在地的土地，隨着城市擴張和租金上漲，港口必須大大提高現有效率，才能與附近更低成本的港口競爭。如果做不到，就不得不逐步轉型或者離開。

三、航空樞紐機場不同於海港的特點和面對的挑戰

以客流為主，是世界上大多數大型都市機場的共性。機場的客流量與城市對外人員交流、商業交流的相關程度遠高於海運。2017 年全年，香港赤鱲角機場共接待 7,290 萬人次旅客，其中入境到訪旅客為 1,370 萬人次（見表 6.3），當中中國大陸旅客佔 38%，其他亞洲國家和地區佔 40%，長途市場佔 22%。從另外一個政府統計處網站數據得知，2017 年經香港機場抵港的人數為 2,586.9 萬，離港人數為 2,506.3 萬，當中中轉的人次為 2,196.8 萬，佔旅客吞吐量三成。以這兩個統計推算，當年入境的香港人為 1,216.4 萬，離境的香港人為 1,212.8 萬，佔機場總旅客吞吐量三分之一。也就是說，香港赤鱲角機場今天在處理旅客方面的功能，大約 37% 為來港訪客，30% 為中轉，33% 為香港本地居民（持有香港居民身份證者）的旅遊探親或者商務出行。如根據 Mastercard 的一個分析報告，2017 年香港居民休閒出行預計在 580 至 600 萬之間，那麼可以認為香港航空出行之中大約有一半以上，即每年超過 600 萬人次為商務出行。這對於一個有 730 萬人口的城市經濟體而言，不可謂不重要。當然，這裏有兩個比較特殊的因素：一是從經濟上，香港是以國際貿易為本的城市，二是從地理上，香港位於中國大陸邊緣，是鐵路交通盡端，任何中長途市場都更依賴航空運輸。

今天，樞紐機場發展面對的其中一個挑戰，來自低成本航空公司或稱廉價航空公司（Low Cost Carrier, LCC），但海運中並沒有出現類似情況。低成本航空公司們製造了一個新市場，更讓很多以前從不敢奢望坐飛機的人，也越來越多地飛來飛去。它們體現了一種從管理制度、經營線路、定價到服務對象都很專注的發展模式。這種廉航模式的一個特點，就是對機場選擇的不確定性。人們一向以為，低成本航空公司會尋求收費低廉的二三線機場，這些機場通常都離大城市較遠，比

表 6.3　2017 年全年到訪香港旅客人次（按居住地區和來港交通方式區分）

2017 年全年到訪香港旅客人次（按居住地區和來港交通方式區分）							
	所有運輸方式		航空		水路		陸路	
亞洲以外長途市場	4,671,248	8%	3,079,760	22%	566,985	12%	1,024,503	3%
亞洲（不包含中國大陸）	9,355,650	16%	5,469,069	40%	2,350,638	49%	1,535,943	4%
中國大陸	44,445,259	76%	5,155,787	38%	1,912,973	40%	37,376,499	94%
合計	58,472,157	100%	13,704,616	100%	4,830,596	100%	39,936,945	100%

資料來源：香港旅遊發展局《2017 年 12 月訪港旅客統計》，2018 年 1 月。

如巴黎的博韋—提里機場（Beauvais-Tille International Airport）距離巴黎市中心 80 公里，實際上已經不在常人心目中的巴黎了。低廉的起降費、沒有其他公司競爭而獲得較理想的起降時段，甚至免費給乘客停車等機場提供的好處，讓這些廉航可以低成本經營，並利用低價（包括低價在機場停車）吸引到一些以前不乘坐飛機出行的人。但根據英國西敏大學教授 Anna Graham 等學者的綜合分析（Halpern, Graham and Dennis, 2016），我們認識到並能證實廉航公司並非只有這種經營模式，它們的機場選擇以及它們與機場的關係，也並非如此簡單。

首先，低成本航空公司比常規所謂「全服務航空公司」(Full-Service Carrier, FSC) 的航線變化較大，因此它們對機場的貢獻變化也較大。其次，由於它們很多的航線是以直飛方式連接主要城市與旅遊點，而這些航線季節性強，同時利用它們的航班進行腹倉運貨可能性很低，因此它們的航線不可能因為客運量增加而帶來相關機場貨運量的同步上升。第三，低成本航空公司並不將自己的服務局限於遊客類別。經過 20 年發展，廉價航空不再僅靠廉價了。人們越來越普遍使用手機直接通過各種應用程式（Apps）尋找和購買機票，只要時間和價格合理，有信譽的廉航一樣可以吸引出差人士乘坐。也就是說，它們有可能以中低檔票價，在一些主要城市的主要機場落地生根，服務旅遊客同時服務商務客，特別是與主要城市聯繫頻密的自營企業或者中小企業出行者。這樣，低成本航空與全服務航空的服務逐漸變得接近。例如，香港航空（Hong Kong Airlines）就是這種航空公司，它提供從香港到上海的航班，價格比傳統航空公司低四分之一到三分之一，主要是因為：一、不需要中介，讓乘客直接在網上或手機購票；二、只用有限機種飛中短途熱線，保持高運載率、高有載時間和低維護成本，而能在提供服務方面與全服務航空公司相差無幾。

在新加坡樟宜國際機場，曾經為低成本航空公司專門建造的低成

本客運大樓（Budget Terminal）也在改建成為混合使用，應該就是注意到這種新趨勢。在很多樞紐城市，包括新加坡、香港、東京、上海、羅馬等地，低成本航空並不因為比較貴的起降費就放棄使用主要機場，而是因勢利導地發展它們已經建立的規模優勢，通過相對便宜的價格，從傳統航空公司爭取「傳統市場」中更大的份額。Halpern, Graham and Dennis 的文章也深入討論了在英國不同機場中低成本航空公司各種爭取市場的手段及效果。一般而言，需求不足的機場，比較常用較低的收費吸引低成本航空公司；但需求比較充分的機場，特別當它又是城市唯一機場時，低成本航空這種多元化發展顯然是對機場管理的新挑戰。為了更高回報，機場會在供不應求的飽和狀態下提高收費。但如果因為收費太貴而迫走了低成本航空服務，對城市本身也不利，因為城市需要多樣化的對外交通服務。Lohmann and Koo（2013）對航空公司不同商業模式的研究就顯示，它們在不同的成本控制、機型選擇等方面都各有自己的考慮，最終在連接度、方便程度、舒適度等方面為乘客提供不同的選擇。

四、單機場還是多機場？

如果一個大城市有兩個或者更多機場，也許是一個選擇，這樣低成本航空公司可以選擇收費較低的機場。世界上有很多大城市擁有兩個到五個機場，這些城市形成多機場並存，各有歷史原因。通常是在大型的新機場建成後，並沒有關閉舊機場，或者隨着新機場接近飽和，舊機場又得到利用。但對於航空公司、城市政府和乘客來説，兩個或者多個機場如何分工合作，一直令人非常頭痛。但有研究報告（JLS Consulting, 2013）指出，雖然從乘客角度來看，兩個機場都是樞紐，貌似很理想，但事實是世界上還沒有哪個城市成功地同時運營兩個樞紐

機場。通常的情況是，一個為樞紐機場，另一個為非樞紐機場，後者通常服務中短途和低成本航空。該報告認為，即使是紐約，除了紐華克（Newark）是美國聯合航空公司的主要樞紐外，甘迺迪（JFK）機場都算不上主要樞紐，儘管它也算是大機場，但它充其量只是某些其他航空公司的主要機場而已，因為它們在機場所佔的航線比重遠稱不上大本營樞紐的規模。

不過，從使用者角度來看，對於一個有數百萬人口而且經濟發達的大城市，加上千萬人口的周邊地區，兩個甚至三個機場也不算多，多元化的供應可以為城市向高端成長提供更多選擇和支撐。對於乘客，多機場發展有兩點可能不理想：一是有可能弄錯乘機的機場；二是如果需要在兩個機場換乘會比較不方便。而這相對於多機場帶給城市的好處，則算不了甚麼大事，而且在一定程度上都是可以緩解的問題。

但在現實世界中，一個城市內未必可以興建多個機場，比如因為城市空間太小或者與周邊城市/地區的關係獨特，比如新加坡和香港；反之，一個城市如果自己體量不夠大，需求不足，甚至不需要一個機場。對於一個有百萬人口的大都市（megacity）配以多個大城市的都市帶（city region），甚至多個大都市構成的大都市羣（megacity-region or megacity cluster），則多個機場支撐整個都市羣發展是必然趨勢。興建新機場或者擴展現有機場，從市場角度來看，大家比較熟悉是對需求和成本的分析（例如 Graham, 2013），以及財務和管理上的安排，比如採用甚麼方式集資與經營（Offord, 2016）。而對於多個城市多個機場的發展，有幾個對大眾而言比較「隱性」的非市場因素，可能會制約這種「一個地區、多個機場」的發展路徑與機會。

第一個因素是空域（airspace）管理和航權帶來的限制。與海運非常不同的一點，是航空運輸需要不斷經過和進出各個國家領空，不僅涉及國家經濟利益（空域可被視為一種國家壟斷的資源），還涉及國家安

全和民用與軍用的分配。因此，空域管理有更大的政府和非經濟色彩，而各國對空域的管理差異不小。然而，Robert Poole 在一份為美國政府撰寫的政策分析報告中（Robert Poole, 2014）指出，過去 20 年，在世界範圍內，航空交通管控模式出現了重要轉變。以前，航空交通管制的核心有三個：（一）監視飛行；（二）保持與飛行器的溝通；（三）導航。但今天空管的任務則包括：（一）節省空域使用者的成本和時間；（二）減少擁擠和對（經濟）增長的制約；（三）增加飛行的安全；（四）改善環境。這樣的轉變已經在美國和歐盟出現，比如美國的 NextGen 項目和歐盟的 SESAR（歐洲單一天空計劃），但在發展中國家和大多數其他地區的國家，這方面的改革還沒有提上日程。比如，中國目前的空域仍然有超過 70% 僅允許軍事用途，民用航空的空域僅呈有限通道狀，近年來對迅速發展的民航帶來的延誤越來越嚴重，並直接影響機場效率。這種情況首先不是民用航空的空域管理問題，而是由民用空域不足造成。

　　第二個因素是地理位置的限制。比較 50 年前，今天的機場選址變得越來越複雜和困難，因為隨着長途機的機型越來越大，機場跑道越來越長，而且與航空相關的企業也越來越傾向在附近佈局，一個大型機場對土地要求超過十平方公里並不出奇，比如計劃於 2019 年落成的北京第二機場（大興機場）佔地 29.4 平方公里，為香港赤鱲角機場（12.48 平方公里）的兩倍多。同時，各種約束因素也越來越繁雜。首先是安全考慮。必須考慮氣流切變、與居住和某些特定工業的距離等因素。其次是環保。傳統上，機場環保方面的限制主要是飛機起飛的噪音影響範圍，但今天，興建或者擴建機場帶來任何對人類和其他生物生態的影響，都受到社會認真關注。第三是與城市中心的距離。世界上並沒有一個理論標準指出到底機場應該離城市多遠，但兩個簡單而在全世界各地不停重複的事實是：（一）早期的機場如果距離市區很

近，隨着城市擴張，機場通常都要選擇搬遷，同時在一個離開城市比較遠的地點擴建，並考慮了未來幾十年的需求；（二）如果一早就把機場設置在很遠的地方，雖然可能半個世紀都不需要搬遷（比如北京首都機場），但期間（特別是初期）機場乘客無謂浪費大量往返機場與市區的時間，而且機場附近的土地也可能因為距離市區太遠而得不到開發。因此，今天最普遍的做法就是在比較遠的地點選址，並用快速路（包括鐵路）與市區連接，儘管在統計上並不能證明這樣做一定會提高城市競爭力，但它一定會提高機場本身的便捷程度，從而提高機場的競爭力。

第三個因素是區域的治理（governance）體系和協調。有規模的機場是戰略資源，對所在城市如此，對所在區域也如此。機場與所在城市的經濟相輔相成地成長，這種個案不少，比如美國達拉斯／沃斯堡國際機場，以及韓國首爾仁川國際機場，兩者都在附近興建了大型的機場產業園區，並協同發展。人們一般都不會懷疑機場為所在城市帶來的好處，問題往往是誰出錢和出多少錢去興建而已。但是，一個城市具有強大的樞紐機場，對周邊城市會帶來甚麼影響，卻並沒有定論。這裏牽涉兩個方面：一是可能給附近城市的機場造成陰影；另外是空港城的發展很可能將一些發展和就業機會集中在機場附近。雖然機場提高了整個城市甚至地區的競爭力，但也可能造成發展在空間上的偏離。在中國就有造成陰影的機場，比如距離北京首都機場不足 150 公里的天津濱海機場，再如距離浙江省會杭州蕭山機場 130 公里的寧波櫟社機場。這種所謂「陰影」，是指相對弱勢的機場受到附近強勢機場的影響，而得不到應有發展。通常認為，航空公司為了其規模經濟和樞紐經濟效益，會將連接一個地區的航線盡量集中在同一機場。但事實上，行政的力量、區域治理的體制等，都可以是陰影製造者。比如寧波櫟社機場從 1984 年轉為民用機場，由於並不屬於省會城市機場，又長期在民航總局直接管理下，於是地方政府完全沒有積極性改善服務。2004 年，民航總局將其「下放」

給地方管理，航線和連接度明顯有了起色。2016 年度，該機場客運吞吐量超過 700 萬人次，12 年間翻了兩番。而且其經營極有特色，在此提供服務的 33 家航空公司中，有 15 家是低成本航空公司，一共開設了 80 多條航線，連接 40 多個城市；全新航站樓也有連接市區的鐵路。在國際上，交給民企經營的機場也可以競爭出起色。例如，英國西部的利物浦約翰・連儂機場（LPL）與曼徹斯特機場相距不到 60 公里，但兩者有着完全不同的經營者：前者是民營企業 The Peel Group 為主，地方政府參股；後者是由曼徹斯特機場集團這個地方政府控股的企業管理。曼徹斯特機場是英國第三大機場，帶有濃厚官方航空公司色彩，英國航空公司和其他歐美國家的「國企」，比如法國航空公司、加拿大航空公司、荷蘭皇家航空公司等都使用該機場。同時，該機場也吸引大量廉航進

圖 6.3　中英兩對機場民航旅客年吞吐量比較（萬人次）

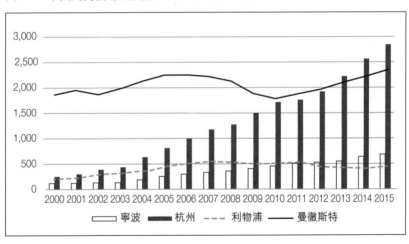

資料來源：（1）中國民用航空局；（2）中國統計年鑒數據庫；
（3）worldpopulationreview.com;（4）United Kingdom Civil Aviation Authority;
（5）"Liverpool John Lennon Airport Master Plan to 2030"（http://www.knowsley.
gov.uk/pdf/PG22_LiverpoolJohnLennonAirport-MasterPlan.pdf), accessed on
23/06/2017）。

圖 6.4 　中英兩對城市常住人口比較（萬人）

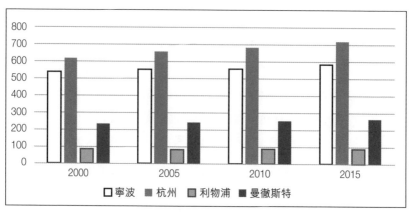

資料來源：（1）中國民用航空局；（2）中國統計年鑒數據庫；
（3）worldpopulationreview.com;（4）United Kingdom Civil Aviation Authority;
（5）"Liverpool John Lennon Airport Master Plan to 2030"（http://www.knowsley.
gov.uk/pdf/PG22_LiverpoolJohnLennonAirport-MasterPlan.pdf), accessed on
23/06/2017）。

駐，形成區域樞紐，年客流量達到約 2,300 萬人次。而利物浦約翰・連
儂機場全部是廉價航空和區域支線航空，一共連接 20 個城市，年客流
量約 430 萬人次（2015 年）。

　　下表及前面討論的中英兩組城市比較，雖然不能涵蓋所有區域範
圍機場競爭和分工的可能性，或者說僅是世界上很少數的個案比較，
但至少可以說明，一個城市發展機場完全有可能被非市場因素抑制（比
如寧波以及今天的天津，都受到附近更強勢城市——浙江省會杭州與首
都北京的政治影響），也有可能因為改變了的市場關係，比如說另一個
機場（比如利物浦）的控股情況，而找到了新的發展可能性。在兩組案
例中，一方面在英國那對機場中，廉價航空無孔不入進入了利物浦，
但曼徹斯特機場則繼續維持其歐洲主要全服務型航空公司區域樞紐，
從而確保了市場地位；而另一方面，我們看到，寧波市在 2004 年得到

表 6.4 中英兩組機場的部分關鍵基礎設施數據

	杭州蕭山國際機場		寧波櫟社國際機場	曼徹斯特機場		利物浦約翰·連儂機場
	南跑道	北跑道	單跑道	1跑道	2跑道	單跑道
跑道（數目）	2		1	2		1
跑道（長度/寬度/米）	3,600米/45米+2×7.5米	3,400米/60米+2×7.5米	3,200米/60米	3,048米/45米	3,050米/45米	2,286米/46米
機位（數目）	101		16	57		28

資料來源：（1）中國民用航空局；（2）中國統計年鑒數據庫；（3）worldpopulationreview.com；（4）United Kingdom Civil Aviation Authority;（5）"Liverpool John Lennon Airport Master Plan to 2030" (http://www.knowsley.gov.uk/pdf/PG22_LiverpoolJohnLennonAirport-MasterPlan.pdf), accessed on 23/06/2017)。

中央政府「下放」管理權之後，一度大大釋放了被壓抑的本地需求，但作為「省屬機場」的杭州蕭山機場，繼續其快速增長趨勢。在兩對機場之間或者城市之間，我們看不到有甚麼合作。相反，城市政府甚至大都市區政府對其境內機場的支持則非常明顯。還有一個值得注意的事實，就是即使到了杭州機場吞吐量遠大於曼徹斯特的今天，如果按照所在城市的人口計算，杭州機場人均生成的出行次數，仍然遠低於曼徹斯特。這除了有經濟發展水平的因素以外，城市本身的功能以及其他運輸方式對市場的分攤（杭州正成為中國最主要的高鐵樞紐城市之一），也是原因之一。

總體而言，以上三個因素相互關聯。航空運輸企業使用一個機場，除了考慮所在城市需求，也要平衡其航線在該地區的整體覆蓋情況。如果是國際航班，就牽涉到航權問題；而一個地區的機場有可能處於不同管制區，比如香港與深圳，機場的效率就可能受空域分配影響。因此，在比較大的地理尺度上的空域管理進步，能改善整個地區多個機場的外部經營環境，是不同機場和多個城市也願意一起爭取的事。

五、交通樞紐自身的發展與外部性

對不少並非交通樞紐的城市而言，交通樞紐似乎是大都市經濟的重要引擎之一，要努力爭取。的確，自從 Saskia Sassen 提出「世界城市」的概念，認為世界被這些世界級都市牽着鼻子走時，很多城市都開始主動爭取在世界中的席位。但亦有人批評，這種理論其實是在某種意義上宣判其他城市沒有希望。對於已經成為交通樞紐的城市而言，它們才切身感受到作為樞紐的利與弊。

作為交通樞紐的好處包括：

(一) 與其他地方的高連接度。運輸公司把自己的樞紐設在這裏，意味着它會不斷擴大通過這個樞紐連接的地點。對於所在城市的居民而言，這麼做會令這個城市希望與外部來往的需求多樣化，甚至超出自己原本的需求。這無疑是一個重要優點，因為它可以為城市進一步發展帶來機遇。

(二) 增加就業機會。不論是機場還是港口甚至鐵路樞紐，就業機會會隨着樞紐規模而增加。比如，每年數千萬客運吞吐量的機場，每增加 1,000 萬吞吐量，就會增加大約 10,000 個就業崗位。

(三) 增加經濟收入。雖然很多人員和貨物僅是在樞紐中轉，並不進入所在城市，但仍能為城市帶來一定經濟收益，而且，按照運輸企業對樞紐的需求，這些中轉活動不在這個城市，也會在其他城市進行。中轉活動也需要本地一些相關服務支持。比如船隻導航、航空食品補給等。樞紐往往也是運輸工具的維護保養基地。

不過，交通樞紐帶來的弊端也很明顯：

(一) 額外的環境污染。「額外」是指非本地需求、由於樞紐中轉與集散功能帶來的污染。交通運輸是一個高能耗行業，即使未來越來越多車輛可能使用電力驅動，但船舶和飛機使用「乾淨」能源的時代還未能很快到來。嚴格地說，只要一天軸幅樞紐網絡（hub and spoke）這種運作結構還能比直航直運節省成本，運輸公司就會建立和運營區域樞紐。而樞紐所在地額外的能耗，就會為本地造成額外的污染。

（二）交通擁擠。有人認為，擁擠其實是一種「時間污染」——它浪費掉他人的時間。交通樞紐造成的擁擠分為兩類：一類是該樞紐本身的擁擠，比如機場因為氣候或者其他原因，出現局部空域管制後造成樞紐機場大幅延誤；另一類是因為樞紐帶給城市的擁擠。

（三）大規模投資的風險。如果樞紐功能並沒有達到期望的規模和回報，僅是交通運輸企業自己損失也就罷了。但大型交通樞紐，比如機場和高鐵站，往往涉及大量政府投資和配套基礎設施建設。這類設施的擴建能否得到市民支持，很大程度上取決於對這種風險的價值判斷。但這類投資的困難之處，恰恰又在於如沒有足夠超前投入，就可能錯過發展時機。

這些大型交通樞紐帶來的外部性（externalities）利弊不可能抵銷，但權衡利弊其實很難。這方面的研究雖然極多，但共識卻不多。甚至學者們、政府們連應該把哪些相關影響計算進來都是各執一詞，最主要的差異在於將哪些所謂「社會效益」納入，和如何評估這些效益（或代價）。

這也恰恰說明，交通運輸樞紐與城市發展是一個複雜且具多樣可能的重疊。如果一個城市沒有理想的相對地理位置，非本地運輸企業很難選擇在那裏建立樞紐。但隨着城市自身的擴張和在區域、國家甚至國際上的地位上升，其自身的「中心性」（centrality）亦在增加，它對運輸企業達至有規模效應的經營越來越有利，最終可能導致企業在此建立樞紐，利用中心性和中轉這種中間性（intermediacy）兩者在空間上疊加所帶來的規模優勢，或者稱為樞紐經濟（economies of hub）。除了市場這個推手，政府也可成為重要的樞紐推動力。例如北京在 1949 年後建成中國鐵路網絡無可置疑的最大樞紐，甚至在列車線路編號時也

是以向着還是背着北京方向分為單雙號。這都與當年要確保北京成為控制全中國唯一和強大的政治中心有關（Leung, 1980）。德國柏林市本世紀決定耗費巨資把自己重建為歐洲鐵路樞紐，是西方發達市場經濟國家的案例。

當然，從交通網絡的組織方面考慮，中轉樞紐並非必須與中心都市重疊。比如比利時的安特衛普港，是歐洲很多種重要物品的轉運樞紐，但並不是甚麼重要都市。美國聯合包裹公司（UPS）的大本營路易斯維爾（Louisville）更是大機場、小城市的典型例子。UPS 在那裏經營了幾十年，但城市並沒有甚麼大發展。不過，從另一個角度來看，核心城市成為交通樞紐的例子也很多。比如，全世界在 2015 年按照航空客運吞吐量排名的前 20 名城市，與同年航空貨運吞吐量排名前 20 名城市比較，會發現有三個在兩項中都排名前 10 位（見表 6.5）。一個是法國巴黎戴高樂機場，客貨運同排名第九，另外是香港和迪拜。但有 8 個客運排名前 20 位的機場，在貨運方面未能進入前 20 位。香港有非常另類的表現：一個地位極其特殊的自轄城市，竟然多年來一直是全球航空貨運量的領先者。相反，客運長期排名第一的美國亞特蘭大國際機場，貨運排名進不了前 20 位。這意味着，即使在空運這個運輸方式中，客貨運的樞紐分佈及城市選擇也很不同；同時，城市本身具有的「中心性」也有性質上的差別。以貿易為本的中心城市有可能為貨運提供基礎，而以文化、政治、金融、旅遊為本的中心城市，則可能有更多客運需求。

為甚麼香港這個不是最初作為貨運航空公司樞紐所建立的機場，卻一直在全球航空貨運排名上高踞榜首？泰國學者 Jantachalobon（2018）和台灣學者 Chao 及 Yu（2013）的研究認為，影響航空貨運樞紐的主要因素可以分為地理因素、經濟和經營因素，還有一些超越機場本身的因素諸如政治風險和政府法規等。其中，機場的地理區位、本地需求、

表 6.5　2015 年世界主要機場按照客運吞吐量和貨運吞吐量前 20 排名的對比

排名	按航空客運吞吐量排名的機場	是否也在貨運前 20 名	排名	按航空貨運吞吐量排名的機場
1	亞特蘭大國際機場	否	1	香港赤鱲角國際機場
2	北京首都國際機場	是	2	孟菲斯國際機場
3	迪拜國際機場	是	3	上海浦東國際機場
4	芝加哥奧黑爾國際機場	否	4	安克拉治國際機場（阿拉斯加）
5	東京成田國際機場	是	5	仁川國際機場
6	倫敦希斯羅國際機場	是	6	迪拜國際機場
7	洛杉磯國際機場	是	7	路易維爾國際機場
8	香港赤鱲角國際機場	是	8	東京成田國際機場
9	巴黎戴高樂機場	是	9	巴黎戴高樂機場
10	達拉斯 — 沃思堡國際機場	否	10	法蘭克福機場
11	阿塔蒂爾克國際機場	否	11	台灣桃園國際機場
12	法蘭克福機場	是	12	邁阿密國際機場
13	上海浦東國際機場	是	13	洛杉磯國際機場
14	阿姆斯特丹史基浦機場	是	14	北京首都國際機場
15	紐約甘迺迪國際機場	否	15	新加坡樟宜機場
16	新加坡樟宜機場	是	16	阿姆斯特丹史基浦機場
17	廣州白雲國際機場	是	17	奧黑爾國際機場
18	蘇加諾 — 哈達國際機場	否	18	倫敦希斯羅國際機場
19	丹佛國際機場	否	19	廣州白雲國際機場
20	素萬那普機場	否	20	哈馬德國際機場

資料來源：國際機場協會（ACI）。

堵塞情況、航權協議和政治風險，在 Chao 和 Yu 的調研分析結果中，被列為最重要的五個影響因素。

六、網絡樞紐持續發展的原動力

上述關於為何在某些城市而不是另一些城市建立航空貨運樞紐的解釋，是業內人士對現實世界的一種經驗判斷，或者說，在某種意義上代表了「市場」的看法。但我們並沒有看到在理論上如何解釋這種對樞紐的選擇。除了地理因素外，很少見到關於城市為何在某地而不在其他地點出現的讓人信服的理論，更鮮有關於交通樞紐必然在甚麼地方出現的理論。這並非因為相關學科的研究落後。很多學科都無法解釋一些事情的始發原因，因為各種偶然因素可能導致某個特別事件發生，之後導致某種現象和結構在一個特定環境下存活，並成為一個節點甚至樞紐。比如，這種情況在當今互聯網世界出現：某個網站突然爆紅，之後被某種力量支撐變成了長期熱點，而其他很多網站則只爆紅幾週就不再有人問津，更多網站甚至完全得不到甚麼人關注。不過，已經有理論可從跨界和宏觀的高度解釋，網絡的節點一旦形成樞紐，是哪些原因導致這個樞紐能繼續擴張其地位。

美國物理學家 Albert-László Barabási 教授（Barabási, 2002）1999年提出了關於網絡鏈接的冪指數無尺度網絡理論（Scale-free Network Theory）。這個理論有兩個重要發現：第一，世界上很多不同的領域，包括生物、化學、物流、信息科技等都有一個現象，就是網絡上的節點與網絡的連接度具有冪指數分佈特徵。所謂節點的連接度，是指每個節點與多少個其他節點之間連接。這種節點連接度具有冪指數分佈，是指網絡當中會出現極少數節點具有特別大的連接度，而大多數其他節點的連接度都很低，呈現一個長尾分佈。顯然，這少數高連接度的

節點就是樞紐。與此相關的另一個重要發現，就是在動態的網絡中，新的連接點冒出時，它們會主動地在網絡上選擇優先連接那些連接度已很高的現有節點。這個發現揭示了為甚麼網絡上的樞紐一旦形成，便會隨着網絡本身的成長而反覆得到強化，即支持動態隨機過程中形成強者越強的樞紐節點。

當然，對於每個具體網絡，樞紐不斷被強化的具體原因必定不同。但我認為，效益應該是共同原因之一。交通運輸網絡可分為兩種：一種是強調效益的網絡，比如空運航線構成的網絡，沒有效益的航線會被取消，而有盈利潛力的航線則會被添加。另外一種是強調公平的網絡，比如一個國家的公路系統，它的連接方式首先考慮的是盡量讓每個縣市都被連接起來，那是考慮公平性的網絡型基礎設施。而在這樣的公路網上運營的運輸公司的自身運輸網，則往往是以效率為先的網絡。強調效益的網絡會遵從冪指數分佈的結構，而注重公平的網絡則屬於常態分佈。如果每個城市的對外交通以連接效益優先，則會有動力促使該城市主動地強化向更高階中心的連接。同時，隨着這個城市中心性的提高，會有越來越多城市主動地與它連接。

七、本章小結

香港既是一個重要的世界級都市，又是一個世界級的區域交通樞紐。本章旨在把香港這兩個角色之間的相互關聯，作一個盡可能理論化的解釋。有了這樣的解釋，就可以把香港放回世界範圍去考量，而不是僅局限於香港每個對外交通運輸方式自身的解讀。

這一章的解釋集中在兩個方面：第一是解釋城市對外交通的每種方式和它們各自的演變，都是對城市本身功能演變的映射。在城市演進過程中，不同運輸方式對城市的貢獻和作用也不一樣。第二是交

通運輸樞紐有自身的發展要求。樞紐經濟（economies of hub），或者說，算是傳統經濟學中的規模經濟（economies of scale）加上範圍經濟（economies of scope）在一個交通節點上的體現，是這種要求的原因。它並不與所在城市的發展完全重合，因此產生很多可能的變數。一方面，城市可以依賴或者利用這種樞紐帶來的經濟活動，即樞紐經營主體通過連接其他地區帶來的好處；但另一方面，城市要付出諸如堵塞和環境污染等方面的代價。另外，本章還強調不同運輸方式在建立和運營其樞紐時，網絡經營者對節點或者說樞紐服務提供者的要求，以及對城市的要求是不同的。這與我早前提出的一個新理論觀點直接相關：一個城市或者一個地方可以通過營造某種支撐全球供應鏈的做法或者補貼，成為全球供應鏈的「宿主」（王緝憲，2018）。這種宿主也許有很好的「自然條件」，比如說地理區位，但可能缺少某些需要人為構造的營商環境，比如特定歷史形成的法治保障、特定教育環境培養或者吸引到的人才資源，以及服務水平比較高的金融和信息環境等。宿主的力量有可能把一個原本僅具有地理中間性的地點，變成一個有吸引力的樞紐。這個動態的、發展冪指數無尺度網絡的過程一旦形成，這個地點就可能成為可持續的樞紐。

理解了這些後，可幫助我們在最後的第七章集中和深入探討對香港未來對外交通發展的看法。

參考文獻

Barabási, Albert-László (2002), *Linked: The New Science of Networks*, Perseus Books Group.

Castells, M. (1996), *The Rise of the Network Society: The Information Age: Economy, Society, and Culture*, John Wiley & Sons, New York.

Chao, C. C., and Yu, Po-Cheng (2013), "Quantitative evaluation model of air cargo competitiveness and comparative analysis of major Asia-Pacific airports", *Transport Policy*, Vol. 30, November 2013, pp. 318−326.

Craven, P. and Wellan, B. (1973), "The network city", *Sociological Inquiry*, Vol. 43, Issue 3−4.

Ducruet, C. (2007), "A metageography of port-city relationships", in J.J. Wang, D. Olivier, T. Notteboom & B. Slack (Eds.), *Ports, Cities, and Global Supply Chains*, Aldershot: Ashgate, pp. 157−172.

Gong, Stephen & Cullinane, Kevin & Firth, Michael (2012), "The impact of airport and seaport privatization on efficiency and performance: A review of the international evidence and implications for developing countries", *Transport Policy*, 24, pp. 37−47.

Graham, A. (2013), *Managing Airports: An International Perspective*, 4th Edition, Routledge.

Hall, P. and Pain, K. (eds.,) (2006) *The Polycentric Metropolis Learning from Mega-City Regions in Europe*, Earthscan, UK.

Halpern, N., Graham, A. and Dennis, N. (2016), "Low cost carriers and the changing fortunes of airports in the UK", *Research in Transportation Business and Management*, Vol. 21, December 2016, pp. 33–43.

Jantachalobon, N. (2018), "A Model for Assessing Sustainability of Air Cargo Hub in Southeast Asia Using AHP and TOPSIS", *Journal of Applied Engineering Science*, Vol. 16, No. 1, pp.19–27.

JLS Consulting (2013), "Analysis of Global Hub Airports - Why no city supports more than one hub, a report for Heathrow Airport Limited", accessible online at http://sasig.org.uk/wp-content/uploads/2013/11/Analysis-of-Global-Hub-Airports.pdf.

Leung, C. K. (梁 志 強) (1980), *China: Railway Patterns and National Goals*, Chicago: University of Chicago.

Lohmann, Gui and Tay Koo (2013), "The airline business model spectrum", *Journal of Air Transport Management*, 31, pp. 7–9.

Long, Y., Han, H., Tu, Y. and Shu, X. (2015), "Evaluating the effectiveness of urban growth boundaries using human mobility and activity records", *Cities*, Vol. 46, pp. 76–84.

Offord, Rosie (2016), *Study on airport ownership and management and the ground handling market in selected non-EU countries*, Final report. For European Commission, Directorate General for Mobility and Transport, Brussels, Belgium.

Oum, T. H., Adler, N. and Yu, C. (2006), "Privatization, corporatization, ownership forms and their effects on the performance of the world's major airports", *Journal of Air Transport Management*, 12, pp. 109–121.

Poole, R. W. Jr. (2014), "Organization and Innovation in Air Traffic Control", *Policy Study*, 431, Hudson Institute, Los Angeles, USA.

Xu, J. and Chen, Y. (2014), "Planning Intercity Railways in China's Mega-City Regions: Insights from the Pearl River Delta", *The China Review*, 14(1), pp. 11–36.

王緝憲（2010），《中國港口城市的互動與發展》，東南出版社。

王緝憲（2018），〈一帶一路改變着全球供應鏈地理〉，「供應鏈地理系及其在規劃中的應用」會議上發言，2018 年 11 月 2 日，哈爾濱工業大學（深圳）。

鄭永年（2011），《中國模式——經驗與困局》，揚智文化事業股份有限公司。

第七章

未來：從有形到無形，
從單一到多元

本章摘要

　　第一章回顧了香港對外交通的歷史進程之後，我再用四章篇幅詳細討論和分析了每個運輸方式在 1997 年香港回歸後，如何為香港城市和經濟發展服務，在這個服務過程中出現了哪些主要問題，及發生了甚麼重要轉變。我們注意到，從香港成為英國殖民地開始，香港對外交通運輸系統演變的最主要特徵，就是基礎設施的供應總是落後於需求。第六章則把香港放在世界交通樞紐城市的理論框架中作一些橫向比較。本書的最後一章，將把香港放回粵港澳大灣區，放回作為一個具有特定歷史、特定「一國兩制」體系的現實中，看看今後可以或者可能發生甚麼變化。本章分別從以下五個方面作出探討：（一）對外交流需求、（二）交通運輸基礎設施供應與管理、（三）交通運輸系統的經營、（四）行政體制與政府角色，及（五）科學技術進步的影響。

一、需求：未來香港與中國內地以及全世界的交流

香港未來與中國內地以及全世界會交流些甚麼？這似乎是從對外交通角度上最需要關注的問題，因為它是對外交通的內容。特區政府不懂回應這個問題，就無法合理地投入資源以改善相應的交通基礎設施。不過，這也許不是最為核心的需求問題，因為從香港民生和社會的基本需求看，一個有 700 多萬人口的城市，目前海陸空的運輸系統完全足以應付。為此，有人甚至批評赤鱲角機場建設第三跑道完全多餘。但事實是，這個城市目前所擁有的、相對城市本身需求更為龐大和強大的海運和空運連接，以及投放巨資興建並已啟用的高鐵、港珠澳大橋，以及即將啟用的第三跑道，都是為了確保香港可繼續從本地區與世界的交流中獲得好處。

因此，從需求角度來看，最應該提出的問題應該是：中國內地以及世界各地，特別是中國與亞太地區國家之間的交流，到底需要香港作出甚麼貢獻？當然，這是一個極難全面回答的問題，誰也沒有預知未來的水晶球。不過，前面章節對過去的回顧與分析，至少讓我們知道香港這個貿易中間人和交通樞紐角色，到底如何演變到今天。近年非常流行的演化經濟學和演化地理學，都認同一個來自生物學的基本道理，就是所謂「路徑依賴」理論（Path Dependency Theory）。香港的發展存在路徑依賴，而且這條路徑相當清晰。讓我們分別從（一）貿易物流、（二）人員流動、（三）交通樞紐設施相關的產業發展這三個角度考慮。

首先，從貿易物流角度考慮。1841 年至今 170 多年的香港發展史提示我們，雖然香港經濟起飛是在製造業蓬勃發展的 1950 年代到 1980 年代，但當其背後的中國內地重新向世界開放以後，香港又第一時間回到自己的老本行——貿易中介和轉運樞紐。當然，今天的貿易與百多

年前轉運鴉片的時代，完全不可同日而語。

當今的貿易與轉口運輸有以下幾個特徵：

(一) 自由貿易這個基本原則導致近半個世紀的市場經濟全球化，但近 20 年已受到「公平貿易」和環保原則（例如減少不必要的長途運輸）的挑戰，貿易全球化正在被貿易區域化局部取代。這個趨勢若配合以區域範圍零關稅等政策，全球各國的貿易關聯形態，可能因為生產區內化而向強調增加區域內互補貿易的方向發展。

(二) 電子化和無紙化的信息服務可以與貨物運輸分離完成，同時貨物確認與檢查收變得越來越重要。

(三) 貿易方式與運輸方式已經非常多元，很多貨品可以由不同渠道、多種不同運輸方式的組合，以及多個可能的網絡來完成。

(四) 互聯網的使用使得產品的來源地和產品的需求也越來越複雜，並且變得更加離散。

(五) 先進的供應鏈管理與互聯網一起，在很大程度上改變了傳統「製造廠家—出口商—進口商—批發商—零售商—消費者」的貿易方式，變得更直接，在很多情況下變得批量更小，批次更多；與此相適應是，適合多批次小批量的運輸方式，比如郵政與速遞公司在跨境運輸中獲得更多份額。特別值得注意的是，它們提供的服務甚至很多也不屬於「貿易」，而是消費者在網上跨國購買後的配送。

(六) 海運船舶不斷大型化，一方面導致長距離貿易成本大大降低；另一方面，超大型貨櫃船因為需要採用軸輻式運輸結構（hub and spoke），故大大提高了對轉運樞紐的依賴度。

在這樣的貿易與轉口運輸大趨勢下，香港這個回歸傳統的自由轉口港（entrepôt）的角色，會得益還是失色？

　　我的基本判斷是：香港有着深厚的、符合自由轉口港升級的重商文化，非常職業化的貿易與運輸以及相關的金融等服務，良好與相對完善的法治體系，這三點是順應上述大趨勢的基礎。特別是針對上述第五點和第六點特徵，香港的機場和以中轉為本的海港，都有非常穩固的基礎。

　　但是，僅是這些並不足夠。香港在對外交通基礎設施、相關企業的發展、相關的管理體制方面都存在問題和缺陷。容許我在議論對人員流動的需求後，再進一步討論這些問題及其答案。

　　第二，從人員流動角度考慮。「路徑依賴」是 1997 年以來香港作為極具特色的亞洲世界都市的商務活動中心、公司總部所在地、旅遊勝地、購物天堂和內地自由行遊客主要目的地的重要因素。除了內地自由行，其他幾方面的需求增長，似乎與世界經濟活動的盛衰波動一致。因此，前面章節提到的赤鱲角機場第三跑道延遲修建除可能帶來一定約束外，對外交通通道應該並非上述活動的供應短板。而內地自由行最大的問題有二：一是香港有限的旅遊容量到底應該如何分配；二是香港應該鼓勵哪一類旅遊，因為內地遊客花在購物上的金錢比重，比其他地方來的遊客要高得多，而本地市民對這些遊客進入居住區購物產生很大反感（王緝憲，2016，18-19）。有鑒於此，也許區域交通變得更加便利（如港珠澳大橋和高鐵已開通），組織多城市的區域型旅遊會是一個方向（王緝憲，2016）。

　　從直接經濟效益來看，旅遊業帶來的增值比物流運輸業和轉口貿易帶來的效益小很多。僅從香港政府統計處比較狹窄的旅遊業（「住宿與膳食服務」）和物流運輸（「運輸、倉庫、郵政及速遞服務」）的統計定義來看，前者從 2000 年以來在本地生產總值（GDP）中所佔的比重

在 2.2%–3.6% 之間，而後者在 6.0%–8.4% 之間，即物流運輸業對本港 GDP 的貢獻大約為旅遊業的兩倍。如果把貿易加入物流作為所謂支柱行業與旅遊這另外一個支柱相比，則差距更大（見圖 7.1）。但旅遊業對香港還是有非常重要的意義。第一，香港因為遊客到訪而得到更多人直觀了解，這是無法直接反映在經濟效益和社會效益上的，而且其效果是正面還是負面也很難評估。但如果讀者和我一樣，相信交流的一個終極效果是會為城市帶來進步，那麼就應該鼓勵與支持旅遊業。第二，旅遊業是解決香港低端就業的主要出路之一。在製造業逐漸衰落後，就業機會集中在服務業上。服務業的崗位比製造業更加兩極化，而旅遊業是少數不靠服務本地民生，又可接收大量中低端就業的行業之一。

圖 7.1　香港四大主要支柱行業佔本地生產總值和就業人數的百分比

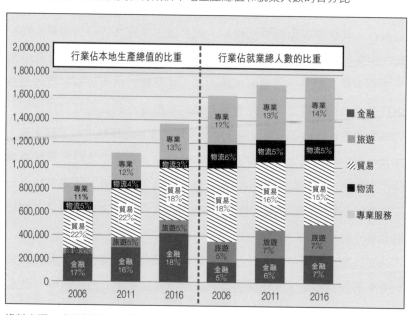

資料來源：《香港統計月刊》2018 年 5 月專題文章：〈香港經濟的四個主要行業及其他選定行業〉，香港政府統計處。

最後，與人員交流和貿易都相關的對外交通需求，是會議與展覽業以及總部經濟。本書第五章關於物流業的討論中已指出，香港經濟回歸到貿易和物流服務是一種提升，將令香港變成國際貿易兼區域物流鏈管理中心。與這部分直接關聯而且越見重要的，是信息、金融和人員的交流。

第三個方面的潛在需求，是與交通樞紐本身相關的產業。比如，有大型港口的城市，往往伴生出船舶維修和製造業；有大型機場的地方，往往出現飛機設備維修的產業；在大型鐵路樞紐的城市，往往有鐵路設備製造企業。這種情況曾經在早年的香港發生，也在當今的上海、廣州、青島、大連等中國港口城市，和鄭州這樣的鐵路樞紐城市出現。但在同樣曾是著名港口樞紐、空運樞紐和鐵路樞紐的城市如倫敦、紐約、東京，卻沒有看到與交通運輸相關的產業在那裏繼續發展。這些城市和香港一樣，從旅遊業到金融業也選擇了產業升級，變成了服務業和高端服務業的中心。有論點堅持把僅擁有航運業相關的訴訟、保險、船舶買賣等的倫敦，說成是「國際航運中心」，但其實這些業務和石油產品的買賣、與石油相關企業的買賣和訴訟一樣，只不過是金融和法律服務的一部分。香港是完成中國石油進出口貿易的主要成交地，難道也應該稱香港為「國際能源中心」嗎？說到底，為甚麼上述幾大國際金融中心沒有繼續其交通運輸相關的修造業，恰恰是因為這些位於產業鏈高端的城市，從各個方面，包括土地租金和人力資源等，已經不能再維持，也不應該繼續在那裏發展製造業了。本書第一章在回顧香港過去百年演變時就指出，香港的工業化時期其實很短，僅是上世紀 50 至 80 年代初的 30 幾年。之後，香港便回歸到本來的國際貿易中介角色。因此，今天若再談改變目前經濟結構，要利用香港交通樞紐的地位去回覆如造船等早年放棄的產業，已經沒有意義。

當然，與交通樞紐相關的產業不僅是製造業，還有運輸設備維修、

增值物流、酒店、飛機師培訓和機場管理等教育產業，以及毗鄰或直接與機場和高鐵站等樞紐系統融為一體的消費—休閒—娛樂—會展中心等，而這些卻是應該繼續發揚光大的產業。如果注意到香港機場目前中轉客流比重已經達到 30%，在機場附近建設「空港城」應該大有前途，並可與機場達到雙贏。

二、基礎設施管理：高鐵 + 第三跑道 + 港珠澳大橋 + 口岸管理

已開通的高鐵和港珠澳大橋，加上將在 2023 年投入使用的機場第三跑道，會令香港的對外交通基礎設施在三方面有實質性改善。第一，與澳門以及廣東省西部城市，包括珠海、中山、江門、陽江和湛江的公路交通會得到大幅改善。第二，高鐵連接大大便利從香港出發到大約 800 公里範圍內的主要城市，比如廣州、長沙、汕頭等地。更重要的是，進入中國高鐵網絡，為香港普通市民到內地進行各種交流活動，包括旅遊、商務、實習考察等，帶來了非常廣闊的可能性與機會。第三，香港機場擁擠情況會得到明顯改善，而機場旁邊的「空港城」——香港未來最大的購物中心，以及整個大嶼山北側，都會因為港珠澳大橋和第三跑道所提供的對外交通新通過能力，而獲得很不錯的發展機會。

從地理上看，香港自身擁有比較高的對外連接度，港珠澳大橋將這個發展空間進一步向西轉移，特別是大大改變了大嶼山的對外可達性。當年選擇將機場搬遷到大嶼山而並非其他地方，其中一個主要目的也是希望帶動那裏的發展。2018 年從屯門到口岸人工島的隧道建成，更為北大嶼山增加了一條西北通道，並直接連接深圳正在興建的前海金融中心和自貿區，以及深圳機場和廣東省快速城際客運鐵路。

與這組設施不同，高鐵則是把相對高端和中長途的客運通道，直接插入市中心的西九龍區。「一地兩檢」順利的實施，令這個車站徹底取代了紅磡那個「慢吞吞」、幾十年不變的「直通車」車站的地位。鑒於目前香港並沒有一班不經多個小站就能直達深圳的火車，所以高鐵不僅發揮了其連接大約 150–800 公里的理想運距範圍（短途上其他陸路方式更有競爭力，多於 800 公里則航空有優勢），還可以大大縮短到達深圳福田中心區和深圳北站所在的龍崗區的時間。因此，高鐵在便利香港與內地交流方面有着雙重作用：短途上等於鐵路線上的「港深直通車」，中長途上則在香港與南方主要都市之間構築了一條火車往返快速通道。單程六小時範圍可以到達的主要城市，包括：深圳、廣州、廈門、長沙、南昌、貴陽；順帶前往珠三角一些高鐵沿線的三線城市，比如東莞、佛山、惠州、汕頭、河源等的時間也大大縮短。從營商角度來看，這條鐵路為香港經商者帶來的便利，是其對手新加坡可望而不可及的。而對於祖籍中國南方各地的香港人，在探親訪友上也便利了不少。

這一切改變，最根本的條件除了高鐵本身，就是實施「一地兩檢」。「一地兩檢」是改善口岸通關的做法。是否要更便利的通關，不僅限於西九龍高鐵站，任何一個與中國港陸往來的口岸都存在同樣的問題。以今天的技術手段和法律基礎，「一地兩檢」甚至「一地一檢」都並非難以解決的問題。因此，在早前立法會和社會的爭拗背後，說到底還是要否進一步與中國大陸融合這個政治大問題。

回顧 1841 年香港之所以成為香港，就是因為當年清朝不允許鴉片等商品進入當時唯一的口岸廣州。英國為了就近建立自由港，才認定要割據香港，以便繼續與中國做生意。之後幾十年，鴉片以及其他產品通過各種渠道繼續從香港進入中國內地。換言之，香港的出現，就是為了商品可進入中國內地，為了開通和交流。1910 年九廣鐵路開通，「九龍淑女號」可直接從九龍站（即今天尖沙咀香港文化中心附近鐘樓）

開到廣州，並沒有人走出來說有法律問題。1949 年中華人民共和國成立，內地方面主動停止與奉行資本主義的香港殖民地的鐵路直通往來，從此九廣鐵路以羅湖為界分成了兩段。直至 1980 年代，只有大陸嚴格管制內地居民來港的情況，未見香港方面不允許香港人前往內地。直至改革開放後的 1979 年，雖然「直通車」已經恢復，但技術上一直沿用普通的兩地兩檢做法。然而，隨着珠三角經濟日益一體化，粵港兩地特別是深港兩地的人員往來劇增。2015 年，平均每天有近 649 萬人次往來香港與中國內地；其中香港居民在深圳陸路跨境前往深圳及其他城市，平均每天高達 33.9 萬人次，其中 7.1% 是每個工作天往返的通勤人員[1]，此外，跨境學生的人數亦超過 28,000 人[2]。港深邊界早已變成世界上最繁忙的海關口岸，而香港境外的深圳，也已經從一個不足 10 萬人的小鎮，變成了一個正式常住人口超過 1,800 萬的超級大都市。

在這個社會經濟環境下，合理並且政治正確的做法，是千方百計地去方便每天 20 萬的跨境通勤者，而不是挖空心思地以各種不相關的政治理由去為難他們。對這些跨境者，不論他們經過羅湖、落馬洲、皇崗、深圳灣、文錦渡還是高鐵西九龍站或港珠澳大橋口岸，都是他們每天生活、工作的基本動作。另外，從純粹政治角度來看，受惠於這些香港與內地交通聯繫的新建基礎設施的，必定是人員、貨物、信息、經濟、社會甚至教育和文化的交流。如果我們對社會發展的基本看法是全世界包括中國內地也在進步，而香港是走在世界進步社會前列的城市，那麼，難道已經全球化並具有發達社會經濟體系的香港，應該擔心這種交流所引起的負面作用嗎？

1　資料來源：香港政府統計處。
2　資料來源：2016 年 6 月 22 日香港教育局回答立法會議員提問。

三、再國際化：香港需要自己的大型網絡企業

不論是對香港工業的研究（例如薛鳳旋，1989），還是對物流業方面的分析（例如香港工業總會，2013），都無法迴避一個現實，就是在這兩個產業中有規模的大型企業鳳毛麟角。其實，與香港對外交通運輸這個主題相關的大型企業，也是屈指可數：和記黃埔港口控股公司（貨櫃碼頭經營商，世界前三名）；東方海外航運公司（世界班輪公司前十名）；國泰／國泰港龍航空公司（世界前五十名）；招商局碼頭控股公司（世界前十名）。如果把這些公司分為經營網絡的和經營節點的，就會發現兩家「節點」型企業是世界級貨櫃碼頭經營商，而海陸空運輸網絡經營企業則僅有一家規模達世界級的東方海外。而物流網絡（速遞公司與郵政系統）服務公司，則沒有一家擁有國際級別。雖然，從一個只有 700 多萬人口的自轄城市角度來看已算是奇跡，但從鞏固和發展香港這個區域交通樞紐來看，情況遠未如理想。

為甚麼香港需要國際級別的大型網絡企業呢？因為作為重要的區域和國際交通樞紐，香港有兩個功能：一是把自己與世界連接起來，二是幫助世界其他地方相互連接起來。對於前者，香港有國泰、國泰港龍、九廣鐵路等。對於後者，香港卻只有東方海外這家船公司，還已在 2018 年被中央國企中遠海運控股收購。當連接世界不同地方的工作缺少了香港網絡企業參與時，這些非本地運輸網絡企業，比如航空公司、速遞公司、航運公司等，對香港的依賴性一定相對比較弱。一旦附近出現更便宜的可能替代者，比如廣州，這些全球性的運輸網絡企業隨時會離香港而去。令人遺憾的是，已經看不到香港本土還有哪些運輸與物流企業仍然有 1950 年代香港海運界那種雄心，進軍全球運輸網絡市場。

與此相反，中國內地一些企業，包括民營企業順豐快遞、遞四方

物流（4PX）、圓通速遞、中央國企中國遠洋航運，還有新加坡郵政、荷蘭郵政等其他國家的國有企業，都比香港民營企業更加進取。也許，未來這些公司與香港某些公司聯手，成為香港企業甚至政府持有一定股份的跨國公司，或許會對強化香港未來的區域交通樞紐地位起到正面影響。不過，這方面我一點不敢樂觀。

最可能的情況，就是香港不再出現擁有全球能力的網絡公司，卻有一大批為這些網絡公司提供各種專業服務的中小型企業，同時具有一些擁有區域規模和實力的較大型物流兼貿易企業，比如利豐集團、嘉里物流等。這些企業與世界級的網絡企業比如敦豪（DHL）速遞公司和馬士基航運公司等，一起構成亞洲最重要的全球物流管理中心。這個中心的物理基礎之一是香港的對外交通系統，但這些公司自身並不作出這類基礎設施投入，而僅會投入在倉儲類硬件和供應鏈關係軟網絡上。如何在缺少本土出身的網絡型全球供應鏈鏈主（王緝憲，2018）的情況下，配合好一些「客隊」，比如遞四方物流、亞馬遜集團、順豐快遞、DHL、聯邦快遞等全球供應鏈鏈主，甚至加入這些客隊，反客為主，強化香港的世界級全球供應鏈樞紐地位，應是香港整體發展亟待解決的策略性課題。

四、體制：誰來改變對外交通運輸通道發展滯後的局面？

以上已經討論過，香港的重要交通基礎設施建設一直滯後，最重要的原因就是體制。作為一個所謂「小政府、大市場」的經濟體，推動經濟向前是企業的責任，而企業通常都不會選擇長線投資於低回報項目。大型交通運輸基礎設施通常便屬於這一類。如果政府不及時出手，甚至提前出手，原來潛在的需求就可能因為關鍵運輸設施比如機場跑道、港口泊位等達至飽和而悄然消失。在中國內地很多地方，與香港

的情況剛好相反，政府通過國企大量投資在大型交通基礎設施上，比如內地超高速的高鐵基建。在中國中西部不少新建高鐵和高速公路的回報很低，甚至長期虧損，就是因為「大政府」的體制讓那裏以一種不計算短期回報的方式發展基礎設施，讓不少設施出現明顯閒置，不僅大大降低投資效果，更讓政府負債纍纍。

我以為，香港與內地在這件事上體現了兩種制度的極端情況。更理想的情況應該是處於兩者之間，即某種代表廣大市民利益的企業（企業化公營，類似香港機場管理局），在政府和公帑支持下適當提前建設一定的供應餘量，給需求一個增長的機會。其實，香港自身也有這種個案，比如香港的機場快線鐵路——機鐵。

機場鐵路是 1990 年代跨越九七的「玫瑰園」基建項目之一。當其修建和運營初期，得到一片譏罵，被認為是政府亂花錢的一個失敗典型。整個機場都被說成是一頭大白象，是政治工程，甚至有人認為是英國人離開之前要把政府盈餘盡可能花在英國資本的企業身上，最後撈它一把。但今天回過頭來看，機場鐵路的內部回報率雖然並不理想，但帶來的社會經濟效益和政治效益都很大：在經濟上，它的效果體現在提升中環和九龍站一帶的可達性，一方面加強了中環金融中心的方便程度，另一方面西九龍近 20 多年來開始出現金融與國際商貿企業的集聚，以及其後香港高鐵站的選址，都與當年肯以較高成本和代價建設了這個至今仍屬相當先進的機場與城市連接的鐵路系統有關。它在機場一端的設計理念就是公共交通優先，所以在不同運輸接駁方式中，最靠近機場大堂的就是機場鐵路。而在登機手續辦理方面也走在世界前列，行李可在市中心兩個地點提前交付。從政治上，由機場出發進入市區的景觀賞心悅目同時又環保，一改啟德機場那種在陳舊樓宇間堵塞和繞行的情況，大大改善了航空客訪港的第一印象。為甚麼我說這是「從政治上」而不是「從環境上」看？因為這些「眼見為虛」的社會

收益，無法進入典型交通基礎設施項目成本/效益分析中進行考量。

　　理論上，經濟學者或者為政府和企業計算經濟效益的經濟分析師，都力求得出盡可能準確的判斷，但城市對外交通基礎設施和很多其他跨境基礎設施一樣，其外部社會效益的估算，並無一個公認的計算方法。特別是對外交通聯繫使用的設施，還存在一個「誰受惠」的問題。再加上，由於需要大量資金、較長的建設週期和比較低的回報率，這種項目通常更受政治因素影響。表 7.1 列出過去 150 年來，香港主要大型對外交通基礎設施的決策機制。

　　從表 7.1 可以看到，一方面，香港政府本身在這個方面的制衡機制越來越完善；另一方面，越來越嚴重的工程拖延，導致實際建設成本越來越高。

　　那麼，這些重大項目又是由誰提議建設的呢？以我個人了解，沒有一項重要的對外交通設施最初是來自政府自己的看法。這就是「小政府」的特色或者代價——對外通道滯後幾乎是必然的。「小政府」並不主動和常態化地評估對外交通基礎設施的情況，乃基礎設施滯後越來越嚴重的原因之一。它導致從一開始，即任何相關建議的提出和接納，就已經出現了供應滯後。

　　另外，一個城市，特別像香港這樣的一個自轄城市，需要與周邊城市和地區一起探討如何進一步規劃和改善整個區域的交通運輸體系。從過去的 20 年來看，在兩個最主要的陸路對外連接基礎設施——港珠澳大橋和穗深港高鐵上，香港都是被動發展方。在這兩者都還沒有建成投入使用之前，評價這兩個工程帶來的效果並不合適。但有一點需要指出，就是到目前為止這類城際交通基礎設施在「一國兩制」的制約下，在區域範圍內由各個城市或者區域政府相關部門一起做宏觀的、策略層面的商討太罕見，更不用說細緻的合作研究了。如何解決這種區域範圍宏觀預判和商討不足的問題？我認為，建立更多平台或者渠

表 7.1 香港歷年各大型對外交通基礎設施的決策機制與過程

項目名稱	項目提出時間	投入使用時間	決策機構與過程	投資總額（政府投資比重）	經營者及（公/私營）性質
九廣鐵路（英段）	1898	1910	1898 年，香港政府與當時的清政府達成協議，興建一條連接九龍與廣州的鐵路，專營權歸英方（中英銀公司）所有。而鐵路按地域分成中/英兩段，分別由中、英兩國政府負責興建。1905 年，香港定例局通過興建九廣鐵路。	130 萬英鎊（100%）	中英銀公司、怡和洋行及香港上海滙豐銀行聯營公司。九鐵公司的前身為政府部門，自 1910 年起開始營運香港段的鐵路線。隨着《九廣鐵路公司條例》於 1982 年通過，該公司由政府部門轉為屬法定公營公司的九廣鐵路公司，2007 年 12 月 2 日，九廣鐵路公司的業務正式合併至香港鐵路有限公司營運。（公營）
藍煙囪貨倉碼頭	1905	1910	由太古集團與藍煙囪輪船公司聯合投資建設於尖沙咀當時的九廣鐵路九龍站附近，成為當時香港貨運與海上貨運的交匯處。即今天 K11 商場所在地。	（0%）	由太古洋行經營。
啟德機場	1927	1936	1927 年，政府與啟德投資公司達成協議，由政府以港幣 1,007,250 元購入填海土地。1928 年政府開始擴充啟德以作為機場用途。1936 年，首間商業航空公司英國帝國航空公司（Imperial Airways，即英國航空前身）提供來往香港的客運服務。	政府投資 100 萬收購並填海	政府下屬部門經營。
葵涌貨櫃碼頭（第一期一至五號碼頭）	1966	1972–1976	1969 年 8 月，港督會同行政局根據委員會的建議和工務局提供的詳細工程可行性研究，決定將來由私人發展商在葵涌海床地段發展貨櫃碼頭。一年後，政府批出葵涌一號、二號及三號地段的標書。1972 年首個貨櫃碼頭「一號碼頭」竣工。1973 年 12 月，葵涌四號地段以換地形式批出；1974 年 11 月葵涌五號地段亦以協約方式批出。1976 年五個貨櫃碼頭全面投入運作。	（0%）	現代貨櫃碼頭、九龍貨櫃倉庫、美國海陸聯運。（私營）

（續前表）

項目名稱	項目提出時間	投入使用時間	決策機構與過程	投資總額（政府投資比重）	經營者及（公/私營）性質
赤鱲角機場	1989	1998	港督衞奕信於1989年《施政報告》宣佈《港口及機場發展策略》決定推出稱為「玫瑰園計劃」的「機場核心計劃」；1991年中英政府簽署《關於香港新機場建設及有關問題的諒解備忘錄》，申明有關機場核心計劃細節。	90億美元（100%）	香港機場管理局（公營）
深圳灣大橋（香港段）	2001	2007	又稱「深港西部通道」，是香港10號幹線的一部分。2001年粵港兩地政府經過研究後，決定興建深港西部通道，並同時決定興建港深西部公路。	32億港元（香港段22億港元）（100%）	香港政府（公營）
港珠澳大橋（香港段）	2005	2018	2007年粵港澳三地政府達成初步協議。2008年三地政府就融資問題達成共識，主體工程造價385.4億元，並由三地政府出資興建：香港出資67.5億元（佔三地政府出資42.9%），澳門出資19.8億元（佔三地政府出資12.6%），而中國內地出資70億元（佔三地政府出資44.5%）。餘下的58%資金（約200多億元）則以貸款方式集資。2009年香港立法會通過撥款90億4,650萬港元予主橋的詳細設計和建造工程。2010年，香港居民向香港高等法院提出司法覆核，成功挑戰港珠澳大橋香港段的環境影響評估報告，建築工程暫停。工程復工。2011年11月，香港環保署提出上訴，最終於2011年獲判勝訴。同年12月，香港立法會財務委員會通過了建造港珠澳大橋相關工程的486億港元撥款，同年12月14日港珠澳大橋香港段工程正式動工。	1,178億港元	粵港澳三地政府（公營）

（續前表）

項目名稱	項目提出時間	投入使用時間	決策機構與過程	投資總額（政府投資比重）	經營者及（公／私營）性質
港深高鐵（香港段）	2002	2018	2002 年，由香港特區政府環境運輸及工務局及國家鐵道部共同組成的廣深港高速鐵路規劃小組正式成立。2005 年 9 月，國家發改委正式批覆《廣深港鐵路客運專線廣州至深圳段可行性研究報告》；2009 年末，香港開始就高鐵進行辯論，立法會財務委員會從 2009 年 12 月開始經多次延期審議，最終於 2010 年 1 月，經過長達 15 輪、近 170 多次提問，正式通過撥款申請。同年 1 月 27 日，廣深港高速鐵路香港段動工。期間工程多次延誤和超支，港鐵公司在 2014 年 4 月對外公佈，稱廣深港高鐵工程因地質複雜及 2014 年 3 月香港暴雨發出黑色暴雨警告時大量雨水浸毀鑽挖機而延誤，原定 2015 年完工則要延期到 2017 年通車。另於 2015 年 6 月港鐵宣佈造價升至 853 億元，較原預算大增三成；通車日期也延至 2018 年第三季。	844.2 億港元（100%）	香港鐵路公司（公營）
赤鱲角第三跑道	2010	2023（預計）	透過香港機場管理局《香港國際機場 2030 規劃大綱》提出方案，2012 年 3 月 20 日，行政長官會同行政會議批准機場管理局規劃興建第三條跑道。行政長官會同行政會議分別於 2015 年 3 月及 2016 年 4 月通過第三跑道系統發展方案及第三跑道的填海工程，工程於 2016 年動工，最快於 2023 年竣工。機管局採用三方融資方案，透過動用內部資金、向銀行舉債，向乘客及航空公司收費、共同承擔建造費，三方佔三分之一。若在建設的過程中有超支，機管局會一力承擔。	1,415 億港元（100%）	香港機場管理局（公營）

資料來源：作者整理。

道非常必要。2001 年，由香港機場管理局倡導的珠三角五大機場主席會議就是一個好例子。五個機場的主管每年坐在一起，討論諸如空域管制、環境保護等大家關心的問題，並以聯席會議為合作機制和身份，向有關上級主管部門，包括國家民航和主管空域的軍方提出各種有利多贏的方案。這種圓桌會議機制讓相關部門有機會聽到整個區域所有關鍵持份者的聲音，並對有關要求作出部署和承諾。這是香港在涉及區域和對外交通共同治理方面，做得最好的一個個案。

說到底，「小政府」的背後，是香港上百年來自由經濟整體思維中，政府應該「積極不干預」的原則。然而，在全球供應鏈把整個世界所有可能連接的物力和人力資源連為一體的今天，政府支持和選擇進一步地與世界連接，已經是責無旁貸的事。目前所有缺少連接、可達性差的國家和地區都是相對欠發達的地區，世界上大多數國家的政府都是交通基礎設施的主要投資者（Khanna, 2016）。越來越多的研究和實踐也在逐步證明，可持續發展需要在宏觀層面規劃，並具有大多數人認同的長遠發展目標之下，通過逐步倒迫的步驟，才可能實現。而這個過程，並不能依賴自由市場體制推進。這個過程必然包括像城際和國際交通樞紐和通道的興建。因此，香港必需在整體思維邏輯上，重新認識政府在某些涉及全球化經濟領域的作用。最近一兩年，新一屆政府決定學習東西方很多主要國家對創新科技增加政府的投入和支持，這是一個好的開始。政府需要認識到，它必須像對待創新科技行業那樣，支持強化香港與全球連接的基礎設施和服務。

五、科學技術進步的影響

過去 100 年，科技進步影響社會最大的一個方面，就是交通改善對地球帶來的「時空收斂」（time-space convergence）效應。以我們一小

時可以到達的範圍衡量，車、船、飛機等運輸工具實在把地球變小了。從廣州到香港，100 年前剛開通九廣鐵路時，全程近三小時，而今天搭乘高鐵僅需要一小時，「壓縮」掉了三分之二的旅行時間。與此相比，香港啟德機場啟用之後第三年，即 1938 年，乘坐法國航空公司「萬象城」號飛機，從巴黎飛香港的四名乘客，日夜兼程，用了整整六天[3]。而今天，法航從香港直飛巴黎只需要 12 小時，旅行時間僅為當年的十二分之一。這兩個例子不僅說明了所謂「時空收斂」的效果，還說明在不同的距離上，用不同的交通工具，收斂的程度不同。如果我們考慮到，去不同的城市或者同一個城市裏不同的地點，因為交通運輸系統都是線性的，而且往往需要換乘，包括從飛機換乘鐵路，再步行到目的地，地球上各個地點之間的「時間距離」，實質上一直在變化。也就是說，考慮到所謂「門到門」的出行時間，在傳媒上常常看到的所謂「三小時生活圈」，或者「香港機場五小時飛行時間內覆蓋了世界一半以上的人口」，都不過是一種宣傳，並非事實。我們在地圖上畫個「一小時可達圈」，其實只有該圖所涉及的那個交通方式可以直達的地點是一小時，而絕大多數是需要換乘的地點，恐怕兩個小時也到不了。

　　還有一個只有出行者自己才能體會到的問題，是實際「門到門」出行時間與乘坐交通工具旅行的時間上的差別。如果加上換乘過程，包括等車/候機時間、安檢時間、過海關時間、步行到達車站的時間、排隊等計程車或泊車的時間等，實際出行時間相比真正乘坐交通工具

3　參看 HISTOIRE DE L'AVIATION - René Chambe (1889–1983), "On the 10th of August 1938, the trimotor Dewoitine 338 F-AQBF 'City of Venetian', in Air-France livery, lands in Hong Kong with 4 passengers, who travelled days and nights, thanks to sleeping accommodation.　Average speed: 240 km/h - 156 Kts.　Six days were necessary to reach Hong Kong; this airline was aborted in 1940, no need to explain why……"。

跨越上百公里距離的時間，往往更長。例如，香港與內地高鐵站不同的地方，就是香港高鐵站設置於市中心的西九龍，而很多中國內地城市的高鐵站，比如北京南站和廣州南站，就遠離市中心，往返高鐵站與市區需要更多時間。但是，即便是香港西九龍高鐵站，從最近的地鐵站前往也需要步行相當長的距離，而且因為設計考慮到巨大的節日流量，和保證「一地兩檢」過關不延誤車輛整點開出，港鐵要求乘客提前 45 分鐘到達車站取票。也就是說，如果你要去深圳，則在前往西九龍高鐵站的時間，恐怕是比上車後去深圳不到 20 分鐘的車程時間長很多。這是一種「相對時間」的扭曲。這個香港高鐵站的例子說明，在選址上已充分考慮直接始發或者到達可達性最高的市中心的情況下，城際出行方面仍然有需要改善的地方，而且這種改善已很難從車站設計和區位選擇上做到。因此，今後城際交通上的改善，如何通過先進科技，減少「非交通工具上」的時間非常重要。例如，港鐵可以通過信息科技將必須到車站窗前取票的過程，改進到憑手機電子票，無接觸式入閘出閘和發出無紙化收據。歐盟已經制定了時間倒推式規劃，希望有一天實現全歐洲所有交通運輸方式之間的電子通票。這也是香港和大灣區甚至整個中國十年內有希望實現的目標。

　　類似節約換乘或者等待時間的技術和措施，在物流方面同樣重要。比如，香港機場的超級貨運站可以做到在卡車前來取貨時提前收到信息，並確保車輛到達裝卸泊位的 15 分鐘內，將所提貨物從全自動倉庫中取出並送到相應車位。這類高新科技手段，在跨境電子商務的物流和金融服務中尤其關鍵。本章第一節以及本書第五章都提到，香港因為法治上的優勢，很多經營跨境商務的非本地企業，也願意使用香港作為結算地，而香港物流服務的質量和信譽，也使得香港機場在這方面擁有相當優勢。香港更有物流服務企業一早開始向全球 200 多個國家和地區，提供國際標準化的產品溯源認證服務。但是，香港的法治

環境和效率服務存在一個悖論：即一方面，我們期望用最新、最高效率和最可靠的技術，在法律完善的情況下（這是香港一直比內地優勝的地方）完成全球供應鏈需要的各種跨境物流服務；但另一方面，因為使用這些最新技術，我們必需更新或者補充現時已經不合時宜的法律條款，而這個更新補充法律的過程不僅耗時費事，更令很多政府部門和企業一聽到要更改法律便望而卻步。令人遺憾的是，我們從來沒有聽過法律界人士提出，在高新科技不斷出現時，如何通過法律的完善更新，確保社會進步的議題。我不得不呼籲，香港在這方面的法律一定要與時俱進，跟上科技的步伐！

六、結語：回到未來

我貫穿全書的一個基本觀點，就是香港的對外交通系統與其他對外交流系統（電訊、金融）一樣，一方面反映這個自轄城市在世界中扮演的角色；另一方面，這些系統的發展既可能促進香港的角色，也可能成為制約香港發展的隱形障礙。香港內部對應否繼續增加這類基礎設施建設，持有不同看法的根本原因也在於此。然而，興建這些基礎設施和提高它們的實際效果，並不僅關係香港本身。換一個更大的地理尺度來觀察，我們可以發現更多。

2017年正式在中國《政府工作報告》中出現的「粵港澳大灣區」概念，為香港對外交通的分析和發展帶來了視角與機遇。因為通往內地的高鐵和通往珠江三角洲西部的港珠澳大橋，從大灣區的角度看，僅是強化了灣區內部的連接。香港第三跑道提升國際機場的能力，則是為整個灣區帶來更大和更多發展可能的對外連接能力。從灣區角度考慮，陸路和水路交通基礎設施和管理方面，香港也有進一步改善的可能。例如，從管理角度，開放香港牌照的汽車經過港珠澳大橋前往珠

江西部和廣東省全境，就是進一步打通香港與廣東互聯互通的有效步驟。再如，廣深港高鐵通車後，如果西九龍站「一地兩檢」運作暢順，搭乘高鐵乘客量又理想，香港應該考慮建設第二條高鐵線，與深圳一起探討，經新界東北向北連接，把深圳東站提升為本地區的另一個高鐵樞紐。

這種把香港放回區域角度審視的方式，恰恰是將香港回歸到其作為殖民地出世時候的角色———一個區域門戶。經過一個半世紀的變遷，過去 40 年華南特別是珠三角及深圳特區經濟騰飛，「十年河東、十年河西」的輪迴式轉變使得香港再「回到」新起點。這個新起點與 1860 年的香港最大的不同，除了發展階段外，最主要就是旁邊有了一個人口和面積均為香港兩倍的深圳。兩個城市的機場和港口之間的距離都少於 50 公里，而香港的陸路交通必須經過深圳。每天過境往來幾十萬人的兩個城市，如果不是因為「一國兩制」，早就變成一個超級大都市了。倘若將兩個城市當成一個大城市來分析，就會意識到深圳興建一個區域高鐵樞紐，就等於一個為港深兩地服務的樞紐；同樣，香港機場增加第三跑道，直接影響深圳的航空對外包括貨物和人員的聯繫。至於兩地的港口發展，早已經從同時經營兩地的碼頭公司角度一體化了，不在話下。至今為止，深港雙方都沒有官方統計數據，記錄有多少香港人「經深飛」或有多少深圳人「經港飛」。「粵港澳大灣區」規劃讓我們從區域角度重新審視這個「雙城記」：不僅需要認真審視兩個城市的關係，還要考量這兩座城市在大灣區中的地位和影響。很可惜，香港很少人會從區域角度思考。在深圳和廣州的人則更習慣多角度思考，因為國家、省、同省的周邊城市有很多與他們自身發展息息相關的直接聯繫。在規劃和興建機場、港口、公路、鐵路等對外交通設施上，他們需要與周邊協調，更需要得到多層上級政府批准。而香港這個相對獨立的省級特別行政區，出於歷史和政治原因，不太習慣這種多角

度思考。這不是政治問題和制度問題,是完全可以、也應該盡快改變的。

　　展望未來,香港正進入回歸中國的中期。無論意識形態和體制上有多大本質上的差異,香港與珠三角地區進一步融合,更加互聯互通的形勢乃大勢所趨。我堅定地相信,不斷地溝通與加強聯繫,是導致所有被聯通地區和城市進步的大前提。對於香港這個靠貿易起家、有良好法治基礎、在很多方面與世界高度接軌的國際樞紐城市,強化與本地區及與全球的聯繫,是這個自由港立於不敗之地的基石。在網絡經濟和新科技影響越來越大的世界中,香港需要依靠更加多元的進步,包括信息科技帶來的進步和法律方面的更新,以達至這個小島在全世界整體可持續發展中的美好未來。

參考文獻

Khanna, Parag (2016), *Connectography, Mapping the Global Network Revolution*, Penguin Random House, USA.

王緝憲(2018),〈一帶一路改變着全球供應鏈地理〉,「供應鏈地理系及其在規劃中的應用」會議上的發言,2018 年 11 月 2 日,哈爾濱工業大學(深圳)。

王緝憲(2016),《香港怎麼了?》,香港城市大學出版社。

薛鳳旋(1989),《香港工業:政策、企業特點及前景》,香港大學出版社。

香港工業總會(2013),《國家十二五規劃下物流業中小企面對的挑戰、機遇與應對策略》,研究報告。